中欧案例精选 | 09

社会创新

可持续发展模式及融资困境

Social Innovation

Sustainable Development Model and Financing Dilemma

赵丽缦　庄汉盟　李尔成　编

復旦大學出版社

丛书序一

中欧国际工商学院院长、管理学教授
李铭俊

讲好"中国故事" 助推管理实践

案例教学在商学院的教学体系中有着举足轻重的作用，除了管理理论之外，教学案例也许算是商学院最大的资本。自 20 世纪初哈佛大学商学院将案例教学法引入管理教学的课堂后，案例教学法就逐渐受到全美乃至全世界管理教育界的重视。相较于传统教学法，案例教学目前普遍被认为教学效果更为生动有效——据不完全统计，案例教学在管理教育最为发达的美国顶尖商学院的教学组成中占比均在 30%以上，而哈佛大学商学院更是使用全案例教学。

中欧国际工商学院自建校伊始就非常重视案例的开发和教学使用，也取得了很好的教学效果。与全球大部分商学院一样，在过去很长的一段时间里，我们的教学案例大多来自哈佛等西方优秀商学院的案例库，这一方面是由于尚处于起步阶段的中国商学院有必要学习世界顶尖商学院的先进经验，另外一方面也是因为我们并没有足够多足够好的自主开发的成熟案例——尤其是体现“中国经验”的案例——能够在课堂中使用。

然而，随着近些年来中国经济的逐渐成熟和体量的扩大，越来越多的国外企业进入中国市场，更有越来越多的中国优秀企业进入世界的视野。尤其是自2014年中国成为资本净输出国以来，中国主题的案例需求越来越大。为应对迅速发展的经济趋势和商业模式，就需要我们及时开发与更新一些更贴近时代的案例，尤其是反映中国商业情境、总结中国环境下的商业实践和企业文化，包括经验和教训的中国主题案例，以满足中国商学院乃至全世界管理教育的需要。

中国的企业管理有其特殊性。由于快速变化的经营环境和有别于西方的文化特性，很多西方企业的管理思想和经验未必适用于中国企业，中国企业家或者在中国工作的国外企业家也往往会遇到在西方不曾遇到过的决策情境。因此近年来，全球各大商学院都提高了对中国主题案例的关注，几大著名的案例库也都加大了对中国主题案例开发的投入，以便在课堂中多使用中国主题的案例；而作为中国本土商学院之重要代表的中欧国际工商学院，自然更加责无旁贷，理应全力以赴地讲好“中国故事”。这不仅是为了满足中欧自己的教学需求，也是希望通过案例为世界提供多一个了解中国的窗口，通过以案例教学为特色的管理教育，助推国家经济建设和企业转型进程。

中国主题案例开发的时间不长，但影响力正逐步扩大。

在上海市政府和市教委的支持下，以及各兄弟院校的积极参与和配合下，由中欧案例中心承办运营的“中国工商管理国际案例库”(ChinaCases.Org)如今已收录中国主题案例1 000多篇。从中欧的课堂来看，这些中国主题案例都取得了不错的教学效果，甚至有赶超哈佛案例使用量的趋势，这在过去几乎是不可想象的。同时，我们也在不断摸索更好的案例使用方法，比如与企业管理层的深入交流、请企业管理人员加入课堂讨论，乃至到企业进行实境教学，等等，以期让学员尽可能多地接近和见识真实商业决策，积累相关经验，达到最好的案例学习效果，进而能对管理实践产生更大的影响。

本丛书所收录的案例，均为中欧教授和研究员开发的各种管理主题的案例精选，并经过多次课堂检验，得到了广泛的欢迎与好评。如今渐次汇编于各主题分册下，与读者共享，也意于助推案例在更广泛的管理教育和实践中发挥更大的作用，让更多人受益。中欧将一如既往，投入更多力量，开发更好的案例，奉献社会与读者！

从书序二

中欧国际工商学院名誉院长(欧方)
佩德罗·雷诺(Pedro Nueno)

案例是管理研究的基石

彼得·德鲁克先生是管理学界的泰斗级人物。我曾有幸向先生讨教案例教学法在管理教育中的应用,他对我说:“这就好比一些大学附属医院——医院与医学院密切合作。在波士顿这座城市,有许多一流的医院,也有不少顶尖的大学,自然不乏这类大学附属医院。医院的医生同时也是大学教授,在某个医学领域颇有建树,论文见诸知名医学期刊,既治病救人,又教书育人,并参与科研活动。借助这样的双重身份,他们有机会将学生带到医疗一线,让他们了解患者病情与治疗方案,掌握分析数据,参与讨论下一步的诊疗计划。”

德鲁克先生认为,管理学教授应该与医学教授一样,将真实的商业案例带入课堂,探讨管理问题,激发互动式学习,促使学生交流思想，发挥创造力，操练各种管理工具（资产负债表、损益表、现金流分析等）。

我曾是一家铁路公司的技术架构师，后加入 IESE 商学院做研究助理，帮教授写案例。我非常感激这位教授，在他的帮助与指导下，我不仅掌握了案例写作技巧，还目睹他如何在课堂还原企业情境，展开激烈的课堂讨论，得出一些有趣的结论。我暗下决心，自己也要成为一名教授。后来，我进入哈佛商学院攻读博士学位课程。为支付学费，我重拾旧业，成为哈佛一位知名教授的研究助理。于是，我又开始了案例写作。这是一段非常难忘的经历。为搜集案例素材，我曾坐上柯达公司总裁的私人飞机，在从纽约飞往罗彻斯特（柯达总部所在地）的两个小时里，我与这家国际知名企业的大老板面对面交流，这虽令我紧张不已，但也收获满满。一直以来，我都对案例教学法非常感兴趣，写过关于不同国家与行业近 200 个案例。

“中欧案例精选”丛书汇集了一系列高水准的中国企业案例，能为此丛书作序，我深感荣幸。此书的付梓，凝聚了中欧案例中心各位同仁的心血。那位哈佛教授——我昔日的老板也曾说过，案例不仅是管理课程的基本构成要素，也是管理研究的基石，只有一流的管理学院才能够不遗余力地将企业实况搬进课堂，追踪事态发展，着眼现实经济环境，要求学生课前研读案例需求，课上认真讨论，进而达到理想的学习效果。本书将有助所有这些目标的实现。

丛书序三

中欧国际工商学院案例中心主任、朱晓明会计学教席教授
陈世敏

聚焦中国问题　坚持国际标准

案例教学的实质在于模拟真实的商业环境和管理决策，学员可以身临其境地分析问题、提出解决方案。通常一位MBA学员在商学院要学习数百篇不同主题的案例，模拟数百家企业的管理实践，这在一定程度上能快速提升学员运用管理知识的能力、加强对管理智慧的体会。

中欧国际工商学院案例中心（以下简称中欧案例中心）自2001年成立以来，以开发中国本土管理案例为己任，同时注重案例开发的国际规范，所开发的各类主题案例在中欧课堂上受到了学员欢迎。自2013年开始，中欧案例中心的角色和功能进行了全面转型升级，目前肩负三项任务：第一是支持中欧教授开发更多关于中国工商管理问题的高质量教学案例，

引领教学与研究创新；第二是在上海市政府的支持下，承担“上海MBA课程案例库开发共享平台”项目的建设任务，与上海多家知名商学院一起，共建、共享、共赢，促进案例方法在管理学习、教育与培训领域的应用，致力于提升上海地区的管理教育水平并辐射全国；第三是运营“中国工商管理国际案例库”（ChinaCases.Org），聚焦中国问题、坚持国际标准，将其建设成为高质量的“中国管理问题”教学案例首选库，推动中国社会与经济的发展。

为了更好地服务于中国工商管理教育与培训，中欧案例中心从2017年开始，每年定期出版3—4本案例集，集合为“中欧案例精选”系列丛书。丛书中每本案例集都聚焦于某个管理热点问题，精选中欧近年开发的相关案例，以供广大管理实践者、学习者、研究者和知识传播者参考。这些案例都是原汁原味的中欧课堂案例，经过了中欧课堂多次教学使用，启发了众多中欧学员，也改变了不少企业的管理实践。随着丛书的持续出版，在精选案例的基础上，我们也邀请了熟悉具体决策情景的中欧学员、对案例主题深有研究的专家学者等对每篇案例进行了点评。这些点评有助于读者理解案例，并为读者提供了思考案例所涉决策问题的不同视角。

中国本土案例的开发和教学离不开企业的协助和支持。在开发本土案例的过程中，不少企业家和管理者为我们提供了宝贵的帮助，为案例作者慷慨地敞开了企业的大门，无私地奉献了个人或企业的经历、商业智慧、经营困惑等，为中欧课堂的案例教学增添了独特的体验，为中欧的学员提供了无价的学习机会。在本丛书编写过程中，我们也得到了中欧学院领导、教授和案例开发团队的大力支持。中欧经管图书和复旦大学出版社为本丛书的顺利出版付出了心血和努力。在此，感谢每位对本丛书出版作出贡献的企业家、管理者、教授、案例研究员、学员及编辑等，也希望各位读者在阅读过程中有所收获！

Contents

目录

导　言

赵丽缨　中欧国际工商学院资深案例研究员
庄汉盟　中欧国际工商学院管理学副教授
李尔成　中欧国际工商学院管理学助理教授

新时代呼吁社会创新，社会企业将大有可为

十九大报告强调，中国特色社会主义进入“新时代”，我国社会主要矛盾已经转化为人民日益增长的美好生活需要和不平衡不充分的发展之间的矛盾。这一社会矛盾的解决需要社会各领域持续关注并致力于应对诸如贫富不均、人口老龄化、环境气候、医疗与健康、特殊人群就业等各类民之所盼、政之所向的社会问题。这些问题的解决离不开政府部门、社会组织、商业企业和教育机构的共同努力，而社会创新则是重要途径和方向。

社会创新是面对社会需求和问题，创造新的解决方案、确保支持并付诸实现的过程，其最终目的是造福社会。作为一种全球性活动，社会创新所蕴含的“商业向善、义利并举”的价值观正在被越来越多的创业者所认同。在教育界，牛津大学、伦敦经济学院、哈佛大学、斯坦福大学等世界一流大学纷纷成立社会创新相

关的研究中心，并开设了社会创新和社会创业的课程。在中国，越来越多的政界、学术界和商界的人士开始关注社会创新和社会创业，社会创新亦呈现出自己独有的发展特色。

依托全球广度、中国深度和社会责任这三大使命支柱，中欧国际工商学院的教授和案例研究员团队积极投身企业社会责任、社会创新与创业、可持续发展等相关领域的学术研究和课堂教学，以期向商界和社会公众传递知识，推动社会向前发展。本案例集所收录的几家社会企业，代表性地向我们展现了企业在推进社会创新活动中所取得的经验，以及未来所面临的问题。

什么是社会创新？

著名的管理大师彼得·德鲁克（Peter Drucker）首次从管理学视角提出并阐释了"社会创新"的概念[①]，并将社会创新与产品创新和管理创新视为企业创新的三种类型。他认为，社会创新是能够产生社会价值的创新，是企业社会责任的实践形式，是创新创业精神与管理的社会功能[②]。随后，他在《创新与创业精神》一书中提出，企业可以通过社会创新将待解决的社会问题转化为营利性的商业机会，比商业和经济领域的创新更具有意义[③]。

除了彼得·德鲁克从企业创新视角对社会创新进行定义

---

① 陶秋燕，高腾飞：《社会创新：源起、研究脉络与理论框架》，《外国经济与管理》，2019年第6期，第85—104页。

② 纪光欣：《国外社会创新理论研究述评》，《理论月刊》，2017年第5期，第132—137、181页。

③ 彼得·德鲁克：《创新与创业精神》，张炜译，上海人民出版社，2002年，第21页。

之外，英国社会创新实践先驱杰夫·摩根(Geoff Mulgan)从社会问题和社会需求的角度进行了阐述，认为社会创新是为满足社会需要，通过具有社会目的的组织来开发和推广的创新性活动与服务[①]。类似地，欧盟委员会提出了更具操作性的定义，"社会创新是符合社会需求、创造社会关系和形成新合作模式的新理念(体现在产品、服务或模式等方面)"，认为社会创新是面对社会需求和问题，发明新的解决方案、确保支持并付诸实现的过程，其最终目的是增强人类福祉[②]。因此，社会创新的核心在于回应社会问题、满足社会需求，进而创造社会价值。

相对传统的创新模式，社会创新是一种众人参与的、自下而上的、开放的创新模式[③]。企业进行社会创新活动是企业追求可持续发展的一种主动性、前瞻性的方式。企业通过将独特的能力(如，技术创新能力、管理能力、规模扩张能力)与其他领域的资源进行合作，共同创造出突破性的解决方案，以解决影响复杂的社会、经济和环境问题。因此，企业社会创新超越了传统的企业社会责任(corporate social responsibility, CSR)概念[④]。

社会创新往往需要政府、商业企业和非营利组织等社会

---

① Geoff Mulgan.Social Innovation, *What It Is, Why It Matter and How It Can be Accelerated*, The Basingstoke Press, 2007: 8.

② 林洁珍，黄元山：《从企业社会责任到社会创新：发展和伦理问题》，《伦理学研究》，2018年第6期，第92—97页。

③ 黄亚生，王丹，张世伟：《创新的创新：社会创新模式如何引领众创时代》，浙江人民出版社，2016年，第23页。

④ Philip Mirvis and Bradley Googins, "*Corporate Social Innovation*", *in book Business Strategies for Sustainability*, Edited By Helen Borland, Adam Lindgreen, Francois Maon et al., Chapter 11, 2018: 179-196.

部门之间的合作。政府部门是社会管理创新策略的制定者和社会创新活动的推动者，市场部门（企业）在社会需求的驱动下践行社会创新，社会部门亦可发现甚至引领社会创新活动。英国的公益金融组织 Social Finance 早在 2010 年就推出了社会影响力债券[①]，这种模式很好地演绎了企业、非营利组织和政府之间的合作。

社会创业（social entrepreneurship）与社会创新密切相关，但又有所区别。社会创业是通过创办新企业或采用创新的管理模式，在现有组织中发现、界定和探索机会以提升社会财富的活动或过程[②]。社会创新和社会创业都是基于社会需求，可以是经济导向，亦可是非经济导向。社会创新包括发现和培育更多的社会创业者，并为社会创业者创办的社会企业或组织提供支持。社会企业是社会创新的重要的表现形式，是推动社会创新和促进社会公平的一支重要力量。

为什么需要社会创新：新时代，新责任

较之科技创新，社会创新的范围更广、影响更深、挑

① 社会影响力债券（social impact bond，SIB），通过向追求回报的民间投资人集资，聘请专业的社会服务供货商来提供服务，旨在解决因政府资金短缺而导致社会服务不足的问题。它是一种“成功才付款”（pay for success，PFS）的契约，由政府与几个关系方签订，当某特定社会问题改善而造成公共预算节约时，政府会履约付款，否则不付款。（引自：邱慈观：《社会影响力债券》，《陆家嘴》，2015 年 12 月刊，http://bond.hexun.com/2015-12-17/181248948.html，最后浏览日期：2019 年 7 月 31 日。）

② Shaker Zahra，“Globalization of Social Entrepreneurship Opportunities”，*Strategic Entrepreneurship Journal*，2008，2(1)：117-131.

> 战更大，是创新中的创新。中国正处在经济与社会的大转型中，很多看似多年难解的问题，换一种思路、改一种技术，往往能有所突破。
>
> ——国务院参事，汤敏[①]

在新时代，社会有了新的发展需求，从求温饱、求生存到求环保、求生态；从先富带后富到共建共享；从高速增长阶段转向高质量发展阶段——这些是新的社会主要矛盾的具体表现[②]。顺应新时代需求，唯创新者进、唯创新者强、唯创新者胜。社会创新是在社会领域（包括民生、公共服务、扶贫、养老等）的创新，在一定程度上能够弥补政府与市场失灵、解决社会问题、满足社会需求。以精准扶贫为例，鉴于社会创新的活动所具有的"自下而上、开放性"的特点，全社会力量精准扶贫的目标，以及"扶贫同扶志、扶智相结合"的诉求便能够更好达成。因此，社会创新可以更好地帮助解决新时代下的社会主要矛盾，助力社会发展取得新气象。

社会创新是企业不断向前发展的更高诉求，时代呼吁更多的企业在创富的同时，积极投入社会创新的浪潮，在社会向前发展的道路上有新作为。社会创新需要追求商业价值的企业转变思路，应对更多社会问题。自改革开放以来，中国经济取得现象级的增长，与此同时出现了很多亿万身价的企业家。虽然中国新晋富豪对待慈善的兴趣和捐赠水平难以与西方发

---

① 黄亚生，王丹，张世伟：《创新的创新：社会创新模式如何引领众创时代》，浙江人民出版社，2016年。

② 颜晓峰，《人民日报：我国社会主要矛盾变化的重大意义》（2018年1月4日），人民网，http://opinion.people.com.cn/n1/2018/0104/c1003－29744020.html，最后浏览日期：2019年8月7日。

达国家的商业精英相媲美，但是近些年我们可以看到，中国企业家对待慈善的态度呈现了可喜的变化，他们或通过个人捐赠或通过集体捐赠，开始追求具体的社会问题的解决。阿里巴巴集团的创始人马云在2015年联合国巴黎气候大会上发起成立桃花源生态保护基金会，并邀请多位中国企业家一起行动。同样的，本案例集中提及的阿里巴巴与残友集团合作开展了“百城万人”项目，深度参与社会创新。

从教育的角度出发，我们同样也需要关注社会创新。德国著名哲学家雅斯贝尔斯（Karl Theodor Jaspers）曾说过，“教育的本质是一棵树摇动另一棵树，一朵云推动另一朵云，一个灵魂召唤另一个灵魂。”商学院的教育者将社会创新的意识、社会企业先进的模式和实践经验以案例的形式带到课堂上，让新方法和新思维影响更多的人，从而进一步丰富管理科学教育的内涵，让教育更贴近社会需求和社会趋势，为教育事业谱写新的篇章。

社会创新在中国：
代表性案例简介

在社会创新和社会创业的实践和理论研究方面，中国和西方发达国家尚存在较大差距，但是中国在该领域的探索和发展更为快速，并且近年来出现了许多非常好的案例和模式。中国公益慈善项目展示会（简称“中国慈展会”）自2015年起对社会企业进行认证，至2018年这四年间得到认证的社会企业分别有7家、16家、106家和110家。

本案例集涉及七家社会企业（见表0-1），这些企业采用市场化、商业化的手段解决各种社会问题，在带来社会影响力、创造社会价值的同时也带来了一定的商业价值。

表 0-1　案例集相关企业

案例企业	成立时间	所在地	社会影响领域	主要关键词
残友集团	1997	深圳	残疾人就业	创业动机、商业模式、领导力、企业文化建设、可持续发展
喜憨儿洗车中心	2015	深圳	残疾人就业	创业动机、商业模式、可持续发展
老爸评测	2015	杭州	产品安全、健康	创业动机、商业模式、商业价值、社会价值、两难抉择
乐平基金会	2002	北京	教育、社会企业发展	公益创投、影响力投资
五彩鹿儿童行为矫正中心	2004	北京	特殊儿童教育、健康	融资扩张、企业价值观、人才管理
智慧健康公司[①]	2015	深圳	老年人、健康	创业动机、融资困境、谈判
北京慕田峪村小园餐厅	2006	北京	生态环境	商业模式、可持续发展

残友集团、喜憨儿洗车中心分别解决了肢体残疾、心智障碍者的就业问题，使他们不再是家庭和社会的负担，更重要的是帮助他们成为社会价值的创造者。成立于 1997 年的残友

① 智慧健康公司的谈判案例根据深圳市人人壮科技有限公司寻求资金支持的实践改编而成，改编得到了企业的授权。

集团，创新性提出并践行“基金会＋（商业性）社会企业＋（公益性）社会组织”的“三位一体”组织模式，并且不断追求技术和组织文化的创新，最终为残疾人群体带来了就业机会，赢得了社会的尊重。类似地，为了让心智障碍者过上有尊严的生活，喜憨儿洗车创造性地整合各种社会资源，发现并培养心智障碍者的特有天性和能力，为他们提供可持续的就业机会与关怀，探寻出了一种可被复制的、市场主导而非慈善主导的社会企业运作模式。

乐平基金会致力于通过知识创新与人才及资本市场创新来推动社会创新，培育本土的社会企业和社会创新家，建设包容发展的社会。自 2017 年开始，乐平基金会成为《斯坦福社会创新评论》中文刊的出版机构，以期更好地与中国的社会创新共同成长。“授人以鱼不如授人以渔”，本着同样的理念，五彩鹿儿童行为矫正中心致力于为广泛性发育障碍（包括自闭症和其他发育障碍）以及有各种行为问题的儿童及其照护者提供教育与培训。

“发现生活中看不见的危害，让孩子远离有毒有害产品”是老爸评测创立的初衷，为此企业提出“发现问题（发现有毒产品）＋验证问题（第三方实验室检测）＋解决问题（提供健康产品）”的发展模式，并创造性地借鉴了“网红经济”和“共享经济”的理念，将企业所能创造的社会价值最大限度地复制或推广。深圳人人壮科技有限公司是案例集中“智慧健康公司”的原型，它创办的初衷是为了让老年人的晚年生活更加智能、健康，推出的三种市场运营机制以及融资时的取舍皆是为了守住初心，助力实现老年人的“病有所医、老有所养”社会目标。小园餐厅充分利用当地村落废弃的学校和农家的房屋，将原来不被人看好的建筑恢复生命力，通过赋能创造价值，也使得古村所蕴含的文化得到传播和持续发展。

这些案例都体现了企业如何通过不同的创新活动来应对各种社会问题，最终目的是为了实现劳有所得、弱有所扶、学有所教、病有所医、老有所养、住有所居的“民享之国”的发展目标。

持续向前：机遇和挑战并存

案例集所收录的案例向我们清晰地展现出，社会创新者在不断扩大社会影响力的过程中面临着各种各样的问题：从宏观环境来看，整个社会对社会创新的理念认识不足，现有市场发育程度和支持力度尚有很大的发展空间；在企业层面，商业模式如何不断迭代升级、面对资本市场的诱惑如何守住初心、人才发展及交接班亦是摆在很多社会创业者面前的难题。

毋庸置疑，一个健康的、可持续发展的社会，需要政府、企业和社会组织协调发展。中国政府有很强的号召力和组织能力，为了更好地开展社会创新，未来或可适当开放资源，给社会创新类组织更大的生存和发展空间，并给予一定的资源和公信力支持。同时，公益创投和影响力投资市场也有待进一步成熟，为社会企业的可持续发展构建更加多元的融资体系。作为自下而上的、开放性的创新活动，社会创新还要全体公民增强意识，形成上下融合的社会创新路径。

本案例集所涉及的几家社会企业是中国社会创新实践的先行者，来自高校对社会创新创业有所研究的学者和相关领域的实践者对案例从不同角度进行了点评。我们希望越来越多的企业和组织能够践行社会创新创业，将社会使命提升到与创造利润同样的高度，在寻求不断发展和扩展的同时，牢记使命，守住初心。同时，我们希望本案例集能够成为一个窗口，让越来越多关注社会创新的人看到中国社会企业的智慧，并将这种智慧带到更高的层面、更广的范围。

1 残友集团：打造一家可持续发展的社会企业[①]

(A)

2012年底，深圳残友集团有限公司（以下简称"残友"）主要创始人郑卫宁坐在轮椅上仔细阅读着集团的最新年度报告。截至2012年底，残友已发展成为拥有1家慈善基金会、9家非营利性社会组织和32家营利性社会企业的集团。虽然郑卫宁对残友过往15年所取得的成绩感到欣慰，但面对未来挑战，他无暇志得意满。

1997年，罹患重症血友病的郑卫宁和其他四位残疾朋友共同创立了残友，当时的残友只是一个残疾人的计算机学习兴趣小组（又称"残友网社"）。借助郑卫宁捐赠的30万元和一辆汽车，残友网社逐渐将注意力转移到如何在高科技领域实现盈利，如何真正改变社会对残疾人的看法，从而证明残疾

---

① 本案例由中欧国际工商学院管理学助理教授李尔成（Byron Lee）和资深案例研究员赵丽缦共同撰写。在写作过程中得到了深圳残友集团有限公司的支持。该案例目的是用来作为课堂讨论的题材而非说明案例所述公司管理是否有效。

人的价值。愿景虽崇高，残友的创始人们依然需要不断向社会证明，这一愿景是可以实现的。

回顾残友过往所取得的成绩，郑卫宁欣慰之余更多的是对企业未来的忧虑，再加上自己的生命也存在极大的不确定性，他的担忧更是经常萦绕在脑海之中：未来如何实现残友的可持续发展？如何既不牺牲公司的社会目标，又能持续不断创造利润？此外，如果哪一天他离开了，残友未来还会继续为残疾人提供就业岗位、为残疾人创造价值吗？

创业早期（1997 年之前）

创始人：郑卫宁

1955 年，郑卫宁生于中国一个中产阶级家庭，一出生便患有先天性血友病，从小只能在家自学。即便困难重重，他还是坚持学业，并于 1985 年获得了中央广播电视大学（2011 年更名为“国家开放大学”）的中文专业大专文凭。随后的六年里，永远充满求知欲的郑卫宁继续自学，获得了法律和企业管理两个专业的大专文凭。

1995 年，为了治病，郑卫宁搬迁至深圳，因为深圳是当时中国为数不多的志愿献血的城市，血源相对安全。同年，他的父母花费 12.5 万元为他在深圳购买了一套 80 平方米的公寓，此后他便落户深圳。1997 年，郑卫宁的父母双双去世，给他留下了 30 万元、一辆车和两套房。失去双亲的郑卫宁化悲痛为力量，学习新技能。他发现残疾并没有影响他使用电脑的能力。于是，他便聚集了其他几个残疾朋友，共同探索一条适合残疾人前行的道路。回忆这次尝试，郑卫宁说道："一开始，我们并没想着要开公司，只是想证明正常人能做到的，我们也能做到。所以我们自称学习兴趣小组。"

这种要证明残疾人价值的观念在其他几位重度残疾人中引发了共鸣——他们也想改变自己的生活方式。尽管身患残疾，他们依然想要挖掘自己的才能，创造生命的价值。他们很快就找到了各自热衷的领域：刘勇负责网页设计，钱斌负责计算机硬件，麦剑强负责软件及服务器运作，肖文卿负责设计，郑卫宁负责业务运营和销售。

通过孜孜不倦的努力，这个小小的团队终于可以面向市场提供具有潜在商业价值的简单的网页制作服务。

起步阶段（1997—2007年）

一个重大的决定

1999年，残友建立了"中华残疾人服务网"①。这是一个专门面向残疾人创建的网站，也是当时全中国残疾人访问量最多的网站。随着网页开发在市场上获得认可，商业机会开始涌向残友。借此机会，残友开始尝试将其技能变现，但正如刘勇所说，这绝非易事："头两年，我们能提供的服务只有打字、扫描、复印和网页设计。但当时互联网还没有普及。为了推广我们的服务，我们在深圳的不同地区，拜访了许多家公司。只要看见一家公司，我们就从车上下来，敲开他们的门，

① 网址为 http://www.bcwr.com.cn/，之前网址为 WWW.2000888.com。

问他们需不需要我们的服务。很多公司都以为我们是骗子，所以我们总是随身携带营业执照。”

1999年底，残友迎来了一次重要的转机。中国最早的网络门户网站中华网(China.com)提出以1 000万元的价格收购中华残疾人服务网，但要满足以下条件：(1) 所有域名和版权均归中华网所有；(2) 鉴于五位联合创始人能力有限，无法为网站做出更多贡献，因此全部要离开。对此，郑卫宁评论道：“我们做这个网站的初衷是想改变我们的生活方式，不仅是为了赚钱。他们以为给我们这么一大笔钱，我们就满意了，他们就能把网站拿走了。但事实上，我们根本没想着要接受这笔钱，因为我们想创造一种新的生活方式，卖掉这个网站并不会实现我们的梦想。”

尽管当时残友正面临财务困难——30万元的初始资金几乎消耗殆尽，经营的网站也没有什么进账，但郑卫宁和伙伴们并不想把网站卖给中华网。郑卫宁曾一度试图与中华网谈判：收购价格可以降低，但是条件是对方必须允许联合创始人和五名员工继续为网站工作。然而，中华网认为这些残疾人的专业技能不够，拒绝了这一提议。郑卫宁反思道：“很大程度上他们是对的。说实话，那时候我们的确不够专业。我们没有接受过专业培训，不懂怎么经营。但我们从来不放弃希望。”

最终，郑卫宁和伙伴们拒绝了收购，坚持着最初的社会使命，继续前行。同时，他们也在寻找新的机会创造营收，证明自己的价值。

不唯利，守初心

2000年初，郑卫宁所在社区的物业经理问他是否愿意免费使用大楼一楼的空间。如果郑卫宁不接受这一提议，社区将利用这片区域建造公共洗手间，而公共洗手间需要配备不间断的保洁服务，会增加物业公司成本。看到市场上网吧正火且盈利空间较大，郑卫宁决定将这个场地装修成一个网吧，将所获利润拿来支持网页设计业务。

郑卫宁团队决定将所拥有的7台电脑中的5台用于网吧经营，留下两台继续用于网页设计。随后，网吧带来了固定的月盈利(约60 000元)。郑卫宁决定用这些利润为残友的员工提供福利，如为员工缴纳社会保险和医疗保险。随着业务量增加，残友扩大了网吧规模，一度将电脑数增加至40台。

然而，大量网吧如雨后春笋般涌现在市场上，其中包括一些网吧通过雇佣残疾人来获得免税优惠，或由残疾人申请政府牌照创办网吧。比如，广州的润恒网吧便由残疾人创立，在广州残疾人联合会的支持下，润恒一两年内在广州地区开设了39家网吧。

广州残疾人联合会也接触过残友，想要达成合作，开设更多网吧。但是郑卫宁拒绝了这一商业模式："当时，开网吧的许可证特别贵，大多在50万元到100万元之间。虽然这笔费用对于残友可以省去，但我们没有选择在这方面扩张，原因有很多。首先，作为残疾人，我们在客户服务方面做得不如正常人。其次，相比于网页设计和其他高端互联网服务，开网吧是相对低端的业务。比起开网吧，我们宁愿花更多的时间、精力和资源在研发上面，因为我们相信研发是我们的价值所在，也是我们的未来所在。"

后来随着互联网业的发展，网吧的市场大幅缩水。2004年，残友卖掉了网吧，而润恒也最终宣布破产。

为了在互联网领域站稳脚跟，残友不断寻找残疾人才，为高科技业务增值。李虹便是残友找到的人才之一。他以浙江省高考状元的身份考上北京大学物理系，但由于罹患先天性肌萎缩性脊髓侧索硬化症（ALS），他在高科技行业找不到工作。毕业后，李虹在杭州一所中学担任英语教师。然而，由于ALS将导致李虹在未来两年内无法站立，李虹想要保住这份工作都变成了无法实现的愿望。因此，李虹改变了自己的职业方向，加入残友，他告诉郑卫宁自己的梦想是做电脑领域的霍金。得益于李虹的加入，残友能够着力扩展业务，提升软件开发能力。此外，李虹还大幅提升了残友各方面的实力，比如，残友收到的最大订单额从2 000元增加到了8 000元。

然而，李虹的病情不断恶化，开始影响到他的工作并危及他的生命，于是他选择辞职。当时，有健康问题的员工在残友可享受的福利非常有限。为了改变残疾人员工因健康问题选择离职所面临的困境，郑卫宁想建立一个高福利的退养制度。他希望为李虹（以及所有员工）提供终生基本收入。但由于这很容易导致公司破产，残友很多高管持否定态度。

郑卫宁无法说服所有人，便利用自己作为控股股东的权利，于2005年面向残友所有员工推行这项退养制度，李虹成为首位受益人。具体而言，只有因残疾而无法再为公司做贡献的员工才有资格申请这项福利。这些受益人离职后，依然能按照此前连续三个月中的最高工资，从残友领取基本收入。郑卫宁解释道："我觉得我不能就这么让李虹回家，我们必须照顾他。但公司面临的情况是，残疾员工数量太多了。这项福利可能会耗费大量资金，导致公司破产，可是这种做法是符合我们公司本质的。如果有机会重来一次，我还是会做出同样的决定。”

快速发展阶段(2008—2012年)

残友继续聚焦于帮助残疾人实现在高端产业的价值。为此，公司制定了相应的人才战略，从相关高校招聘计算机领域的残疾人人才。有了这些人才，残友开始进入快速增长的阶段，收获了高额利润。

2012年，残友拥有超过32个独立的营利性社会企业，这些实体均从事与计算机运用相关的领域。例如，残友旗下有经营软件业务、数字动漫业务甚至电商业务的各类公司。在此期间，残友已将业务版图从深圳扩展到中国其他地区，包括山东、新疆、台湾、海南、甘肃和北京。这种扩张是必要的，不仅是为了追求盈利机会，更是为了实现集团的远大愿景，即帮助残疾人在市场上找到自我价值。为了使其技术得到业界的广泛认可，残友还与IBM全球信息无障碍中心、英特尔、德国G&D银行、欧特克和华为等跨国公司建立了技术合作关系。

残友软件

> 残友软件的创建是100%市场驱动的。随着越来越多的人才加入我们，我们能够提供更多更好的服务。得益于这些人才的能力，我们开始考虑创建一家软件公司，优化结构，为客户提供价值。
>
> ——残友创始人郑卫宁

2007年，基于为各类政府机构提供的业务，残友软件成立了。最初，残友软件采用低价策略进入市场，为各类项目提供低于市场价格的服务（价格区间在10万元至20万元之间）。残友创始人之一、残友软件CEO刘勇如是说："在这个市场里，我们没有任何权力去选择客户。相比其他公司，我们公司开发的软件，在质量上没有过多的绝对优势。但从长远来看，我们公司还是有优势的。由于我们的员工都是残疾人，我们的团队更加稳定，能给客户提供始终如一的服务，我们对每一位客户的需求和背景都了如指掌。他们不必担心后续的变动。我们十分珍惜每一次机会，我们对待客户就像对待亲人一样。就这样，由于我们可以提供优质且持久的服务，业务越做越大。"

凭借这些优势，残友软件不断践行现代化管理。2008年，公司获得了CMMI[①]三级认证。为了进一步提高公司能力，郑卫宁聘请了一位专门从事CMMI评估和认证的顾问。然而，残友软件并没有止步于此。自2009年起，残友软件设定了一个极具挑战性的目标：达到CMMI五级。

当郑卫宁宣布这个目标时，残友软件的员工都认为难度太大，甚至出现了不少反对的声音。残友软件的高级经理马中元说："这太难了。我们这才刚刚拿到CMMI三级认证，已经觉得够厉害的了。拿到CMMI五级，当时我们真的认为是件不可能的事。"

为了提高能力，实现认证目标，残友软件选择从企业文化

① CMMI由卡内基梅隆大学（CMU）开发，是一个过程改进培训和评估计划。CMMI针对流程定义了以下成熟度级别：初始级、已管理级、已定义级、量化管理级和优化级。在组织接受评估后，CMMI会根据其真实的成熟度，授予成熟度等级（1—5）或能力等级成就认证。

改革入手。公司征求了员工的意见，经过多次讨论后，员工就企业文化和价值观达成了一致意见，认为“将彼此视为家人”的理念至关重要。以创立“家训”(参见附录 1-1)为开端，残友软件启动了数个改革企业文化的项目。据马中元介绍，这次企业文化改革带来了巨大的积极影响：“首先，客服人员从残友‘家训’中受益匪浅。‘家训’中有一条叫‘以诚相待’，要求我们不能欺骗客户，而应竭诚为他们服务。其次，虽然我们当时只有两名人力资源同事，但我们花了大量时间考虑所有员工的需求。最终，我们利用已有资源为员工提供心理咨询服务，改善员工的身心健康。”

残友软件工程师李燕是一名双侧截肢者，谈到企业文化时她激动地说：“这不仅仅是一种价值观和文化宣言，更是残友善于广开言路并付诸行动的体现。我之前建议公司定期让员工吃到‘家乡菜’。公司采纳了这一建议，让所有员工点自己爱吃的菜，并定期提供。这体现了残友的文化和价值观：我们就像一家人。”

有了企业文化强有力的支撑，公司实现了技术升级的目标，于 2012 年 9 月获得 CMMI 五级认证。2012 年底，全国只有不超过 5 家公司拥有这一等级的认证。这鼓舞了公司的士气，也让残友软件更有底气去提高服务定价。

残友动漫

残友继续探索如何在计算机相关领域为员工创造价值。2008 年，动漫行业呈现一派欣欣向荣的景象，残友的一些员工和管理人员也表示有兴趣进入该行业。经过一番深思熟虑，郑卫宁表示：如果这些员工能在一年内带来 50 万元的收入，他就支持创立新的业务单元，并提供后续资源保障。

第一年，这些员工成功创造了60万元的收入，郑卫宁一诺千金，随即创立了残友动漫文化发展公司（以下简称“残友动漫”），该公司独立于残友软件之外，专注于数字动画设计。成立早期，残友动漫发展迅猛。成立3年后，员工人数已逾100人。随着行业需求的快速变化，残友动漫持续扩张，创建了二维动画部门、三维动画部门和建筑信息模型部门。

好莱坞的电影公司是残友动漫的客户之一，这些电影公司将后期制作服务外包给残友动漫，例如，高票房的动画电影《阿凡达》的后期制作便由残友提供。但随着动画电影中使用的技术越来越先进，残友动漫决定，将其数字人才聚集于潜力巨大的新兴行业中。于是，残友动漫一分为二：专注于数字动画特效创作的残友奇迹电影技术有限公司（以下简称“残友奇迹”）和专注于将BIM（building information mode）技术应用于智能建筑的残友智建有限公司（以下简称“残友智建”）。残友动漫的CEO麦剑强解释道：“2010年以后，动漫业开始衰退。我们意识到不能故步自封。面对激烈的竞争，我们在价格上没法与别的公司竞争，因为我们的成本高得多，而且收入仅在平均水平，因此我们最好还是去探索新的领域。”

残友电子善务

2010年，郑卫宁在参加天津夏季达沃斯论坛时，遇到了阿里巴巴创始人兼董事会主席马云。这让他萌生了创建深圳市残友电子善务有限公司（以下简称“残友电子善务”）的想法。马云表示有兴趣在电商领域做慈善，郑卫宁回应表示残疾人可以为电商行业提供客户服务。

双方决定合作开展一个名为“百城万人”的项目(参见附录 1-2)。为此，残友电子善务于 2011 年 6 月正式成立。该项目旨在从百余座城市中招募数百万名残疾人，为他们提供职业培训，帮助他们成为专业电商客服人员。有两种工作机会可供这些残疾人选择：一是通过阿里巴巴及其子公司淘宝网的渠道，销售捐赠物品①和残疾人自己做的工艺品；二是为阿里巴巴提供远程客户服务。由于残疾人开淘宝店可以享受税收优惠，残友电子善务很快就实现了盈利。

残友电子善务还与当地残疾人联合会合作，提供培训服务，帮助残疾人士掌握在线客服的技能。这些残疾员工的工资由阿里巴巴集团支付。阿里巴巴有一项特殊政策，即残友电子善务员工开设淘宝店的数量不受其他公司标准上限的限制。阿里巴巴集团还指派了一名高级经理，帮助残友电子善务建立高效的运营机制，并与残友电子善务共同运营项目。

残友集团投资与扩张

截至 2012 年，残友集团旗下子公司数量达 32 家，其中 7 家为全资控股，约 20 家为合资企业，剩余几家公司中，残友集团作为少数股东参股(持有股份小于 30%)。郑卫宁解释道：“我们将公司的所有权分为全资、合资和少数股份。但我们所有公司都致力于通过盈利业务为残疾人创造就业机会。对于全资子公司，我们投入了大量的精力和资源，实现高增长，把握发展道路。我们尽量把顶尖人才都安排在全资公司中。成立合资子公司的情况主要有两种：一是当我们与残疾人联合

① 这些捐赠物品包括捐赠给郑卫宁慈善基金会、红十字会以及任何其他个人、组织和展览会等的物品。

会合作时（因为他们长期为残疾人提供培训和就业投资）；二是当我们与有能力为残疾员工提供工作机会、实现残疾人价值的公司的实际控制人合作时。如果我们觉得另一方的人才储备更强，我们会采用持股少于30％的少数股份模式。”

残友人才管理实践

人力资源管理

职位

在残友，所有职位都是根据员工的身体状态和能力设计的。人才发展方面，残友遵循“永不放弃任何残疾人”的黄金法则。在下列情况下，员工可以申请调换职位：（1）员工的能力不符合某一职位的能力要求；（2）员工不喜欢该职位；（3）员工想要转岗到另一个职位。在提出申请后，人力资源部门将启动员工转岗流程，其中包括适当的指导或培训支持。

对于新入职员工，残友提供为期9个月的试用期。试用期员工被称为学生或学徒，因为他们的主要任务是学习在残友的工作方式。首先，试用期员工需要努力学习所需的技能和知识，接着加入一个项目团队，作为其他项目成员的学徒参与项目。在此期间，经验丰富的员工会为新员工提供指导。鉴于从不轻易放弃员工的原则，2010年前后，残友将试用期缩短至3个月，并于2012年取消了试用期。尽管如此，新入职员工仍有机会从经验丰富的同事那里学习技能，并与其他正式员工一样获得薪酬。

对于无法满足试用标准的残疾员工，残友将为他们提供更多机会，帮助他们找到能够胜任的工作。这些员工可以选择新的职位，或者接受为期更长的培训。在培训期结束后，试用期员工需要完成一项测试，以评定他们的工资水平。此后每半年，员工都有机会通过客观测试增加薪酬。

残友的薪酬福利

残友员工不仅有现金工资，还享受诸多非现金性福利。每月平均基本工资约为 3 000 元，超过 8 小时的工作按照加班工资计算。相比同行业，残友的现金工资略微低于行业平均水平，这在一定程度上阻碍了非残疾员工申请残友的工作，但对于残疾人员工，残友所提供的包括免费住宿、餐饮、洗衣、出行等非现金性福利给他们带来了更大的价值。

具体而言，鉴于残疾人员工对工作环境和生活环境有着特殊的要求，残友在工作场所中嵌入住宿空间，将工作与生活紧密结合。残友还设计了工作物流综合系统，大多数员工居住在配备无障碍设施的工作场所。宿舍和食堂均位于大楼底层，靠近工作场所。公司还为员工提供免费洗衣服务。员工只需在早上将脏衣服放入洗衣篮中，晚上便能收到洗净并晾干的衣服。浴室提供淋浴服务，乘坐轮椅的员工使用起来非常方便。

残友为所有残疾员工提供免费的安保、餐饮、住宿、出行、康复、社交及其他服务。2009 年，残友拥有两名全职社工，2012 年，残友又增加了 8 名全职社工。通过这些措施，残友将专业管理应用于员工的生活环境，如建立了全国首个为残疾人服务的专业无障碍车队（所有车辆均配备标准液压轮椅升降机和可折叠楼梯）。此外，残友还考虑到了残疾人的社交需求，定期组织许多兴趣小组活动，例如每月组织海滩休闲活动、电影之夜和登山活动等。每次活动均有 30 多名志愿者陪同参与。此类社交活动已成为员工生活不可或缺的一部分。这些福利和活动使得残友的员工流动率保持在非常低的水平（低于5%）。

残友人力资源总监黄飞鸿说道："许多世界知名的高科技公司曾试图高薪挖我们的员工，比如提供两倍的工资。但我们大多数员工都不会离开。留住他们的不仅是更长远的职业规划和更稳定的发展平台，更是其他公司无法比拟的企业文化。我们曾经有一名员工，接受了另一家公司的offer，离开了残友，但在那里工作几个月后，他还是决定回来。"

他补充道："与非残疾员工相比，我们的员工在高科技行业具有显著的优势。首先，我们的团队更稳定。其次，我们的员工能够集中精力坐在电脑前的时间更长。最后，我们比其他人更珍惜自己的工作。我们不仅将工作视为一项任务，更将其视为我们活着的理由。虽然残疾是我们的缺点，但残友能够通过一系列福利，帮助我们解决生活中的困难。因此，我们不需要担心基本的衣食住行等问题。"

培训与发展

发展和扶持员工是残友企业理念的一部分。残友建立了知识分享机制，并鼓励所有员工不断提高自身技能，互相学习，并接受外部培训。公司还有一个开放的工作系统，任何人都可以随时申请残友内部的任何职位和多个层级的晋升。例如，邵锦钊申请了他技术专长领域之外的行政职位。经过半年的试用期，他正式就职并一跃成为残友董事，最终被任命为残友副总经理。

文化

残友每月都会召开全体员工会议。会议的主要内容包括欢迎新员工、分享工作最佳实践、高层管理人员与人事为员工答疑解惑、优秀员工表彰和庆生活动等。

一位员工说道："残友给了我一种归属感、认同感和价值感，我非常满意。首先，我觉得自己能够找到一份工作，并且能够做点什么，这是一种接纳和认可。然后，公司给我涨工资了，我有钱寄给家人了，这是一种价值感。再者，公司能够认真对待我提出的建议，这给我带来了一种归属感。我觉得我会一直留在残友，我也希望公司越来越好。"

一位管理人员说道："加入残友前，我在一家民营企业工作。作为残疾人，我觉得生活十分艰难。在工作中，和那些非残疾同事比，我总是处于劣势。每次要出差拜访客户或谈判磋商，我都不能跟他们一起去。在残友就不一样了，我们有专门为残疾员工配备的车辆，可以拜访客户。在残友，我们可以像其他公司的非残疾员工一样放开了去工作。"

残友的非残疾员工

除了残疾员工，残友也招聘了少数非残疾员工。在招聘流程中，残友会非常仔细地评估员工是否符合残友的价值观，以及他们是否能为公司做出持续的贡献。在公司刚成立的几年里，郑卫宁不允许公司招聘非残疾员工，因为他们在社会上的机会本来就比较多。但鉴于非残疾员工同样能够为公司服务，残友渐渐改变了最初的规则，允许健全的员工就职，并将非现金性福利折合成现金发放给这些员工。在残友电子善务，每 48 名员工中就有 10 名非残疾员工。大部分非残疾员工都在物流系统中担任司机的职位。

郑卫宁解释道："我们欢迎健全人士加入残友，帮助我们创造更多价值。健全员工的加入可以激发公司内部的'鲶鱼效应’，培养残疾员工的竞争意识，提高工作绩效。因此，我相信这会增强员工整体的创新创造能力。”黄飞鸿补充道：“一旦非残疾人士成为我们的员工，我们会对他们一视同仁。2009年，有个女孩加入了我们，她很认可我们的企业文化和社会价值，她到现在还在残友工作。”

残友的集团结构

郑卫宁慈善基金会

2009年，随着业务的开展，郑卫宁开始担心残友是否能在盈利的同时持续为残疾人创造价值。虽然当时残友已经实现盈利，但郑卫宁觉得公司的整体愿景并没有很好地实现，还需要加强社会效益。同年，荣获“中华慈善奖”的郑卫宁有幸受到胡锦涛总书记的接见，向书记表达了创建一家慈善基金会的愿望。

2009年11月，残友在深圳建立了首个慈善基金会——郑卫宁慈善基金会，致力于创设有助于改善社会的非营利组织。郑卫宁慈善基金会的愿景与残友一脉相承，首要目的是支持残疾人，主要是残友的残疾员工，帮助他们改善工作和生活环境，找到自身的社会价值。截至2012年，郑卫宁慈善基金会共成立了9家非营利性的社会组织（参见附录1-3）。

从更广泛的层面来看，郑卫宁重组了整个公司，整合了营利性的社会企业和非营利性的社会组织，形成了“三位一体”的模式（参见附录1-4）。他希望通过这种模式促进公司的进一步发展。

“三位一体”模式

在残友“三位一体”模式结构中，郑卫宁慈善基金会扮演了大股东的角色。郑卫宁将其在残友集团90%的个人股份和各分公司51%的个人股份全部捐赠给基金会，如此一来，基金会就掌握了残友所有营利性公司的决定权。基金会监督并决定残友所有社会企业和社会组织的运营。社会企业将股息分配给基金会，再由基金会支配用于投资残友事业。如果说社会效益与公司盈利是推动残友不断前行的两个轮子，那么郑卫宁慈善基金会就是指引残友前进的方向盘。这种集团结构催生了一个相辅相成的生态系统，也提供了一个探索经济及社会竞争机会的平台。

有了这样一个结构，郑卫宁不再像以往那样忧虑了："基金会对我们至关重要。我相信它能帮助我们解决利润和社会效益之间的潜在问题。基金会就像一张保险网，帮助利益相关者站在集体利益而不是个人利益的立场上做决策。如果他们没能牢记这一点，那么他们也无法实现个人利益。"

残友的社会企业，像其他企业一样，主要目的是为了创造利润，为公司创造价值。其创造的利润将归属于基金会所有，随后基金会将利润分为三个部分：一部分用于公司再投资，一部分用于员工奖金和红利，最后一部分是股东(包括基金会)利润。

这种模式的协同效益源于在非工作时间照顾残疾员工的社会组织。具体而言，社会组织建立的目的是改善残疾员工的生活和健康状态。例如，深圳关爱残友志愿者协会和深圳残友社会工作者服务社利用志愿者资源为残疾员工提供基本生活必需品。这些社会组织还提供咨询服务和应急管理服务。当员工遗失信用卡或在处理人际关系遇到困难时，都可以向这两个社会组织寻求紧急管理服务。这些社会组织的资金均由基金会提供(大部分资金来源为残友的利润)。

这种结构的优点在于，营利性企业是以捐赠形式贡献利润的，而根据税法，捐赠利润的企业可以享受税收优惠。此外，基金会还能接受其他各方的捐款。如此一来，基金会便拥有充裕的资源，甚至有余力帮助残友员工以外的人群。更重要的是，基金会作为非营利性组织也吸引了许多志愿者前来为残疾人洗衣做饭、打扫房间，并提供其他社会资源。

展望未来

郑卫宁在回望残友取得的成就时，对残友的进步感到欣慰。但他知道自己还不能停下脚步，还有很多工作要完成。让郑卫宁担心的是，残友的发展过度依赖于他本人的想法，如果哪天他离开了，公司会不会止步不前或者忘记了初心？虽然他已经辞去了 CEO 的职位，并试图减少对公司决策的影响，降低自己在公司的存在感，但他仍向公司高层管理人员贡献关键性意见。展望未来，残友依然有诸多挑战需要克服。

比如，残友如何可持续地创造利润？如何确保残友在追求利润的同时不会迷失方向，坚持为残疾人员工创造社会价值？如果没有郑卫宁，残友是否能够继续发展下去呢？

(B)

2018 年底，残友集团已创立了 14 家非营利组织、42 家营利性公司。其中，残友电子善务发起的“百城万人”项目已遍布全国20多个省、自治区的100余座城市。通过该项目，数十万重度残疾人接受了职业培训，其中约有6 000人现就职于阿里巴巴集团，从事虚拟客户服务工作，月薪为1 000—6 000元；约有18名残疾员工申请并享受了残友退养制度带来的福利。

在过去几年，残友还将业务扩展到了新疆，为1 000多名年轻的残疾人提供了职业培训，帮助他们就业。到目前为止，残友集团旗下已经诞生了两家新三板上市公司——残友软件(2015年)和残友电子善务(2016年)。

上　市

“我们必须借上市来证明残友的发展靠的是我们自己的能力，而不是政府补贴。我们不会依赖免税政策，我们自己的公司能赚钱，能保证公司的长远发展。上市对我们来说意义重大，说明残疾人也能创建一家盈利的公司，并且我们的商业模式是有效的。再者，上市会逼着我们去创造更多利润，这样一来，员工也会更加自信。”郑卫宁这样分析上市的重要性，并在2014年便开始着手准备残友软件和残友电子善务两家公司上市新三板的准备工作。

麦剑强补充道：“上市有上市的好处，但也带来了一些问题。比如说，个人投资者会质疑这两家上市公司向怀孕的残疾员工支付福利。残友通过‘三位一体’的模式解决了这个问题。因为郑卫宁慈善基金会仍是两家上市公司的最大控股股东，所以基金会决定用上市公司的红利来支付怀孕员工的福利。这样既保护了投资者的权益，又维护了企业的社会利益。”

两家公司上市后，郑卫宁慈善基金会所持股份并未被稀释。2018年底，郑卫宁慈善基金会仍为这两家公司的唯一控制方，还代表管理团队持有残友软件20%的股份。

未来的挑战

展望未来，郑卫宁深知残友还需克服更多的挑战。首先，残友电子善务上市后，由于残疾员工经营的淘宝店需要缴纳增值税（税率为17%），失去了原来的免税优惠，导致残友电子善务的业务比以前更加难以开展，需要开拓新的方向。

其次，令郑卫宁忧虑的是，残友缺乏不断创新的能力。对此，他解释道："有一点我很肯定。只要我还活着，残友就不会破产。但在我离开后，残友必须提高创新能力，才能获得成功。过于依赖我的领导可能会阻碍公司以后的持续发展。因为我和员工之间相互信任，所以他们都听从我的建议。但这种信任和依赖可能会给集团将来的发展埋下隐患。如果没有我，公司高管可能很难建立起集体信任。"

因此，郑卫宁希望残友能够吸纳充足的创新人才，带领残友实现企业愿景。问题是，如何吸纳创新型的人才保证残友的创新力呢？

最后，残友希望其商业模式能够走出国门，在世界范围内造福更多残障人士。响应国家"一带一路"倡议，残友立志将业务疆土拓展至其他发展中国家，帮助更多的残疾人实现就业。然而，身患残疾的高管团队面临着诸多困难，如交通、语言和文化障碍等。不仅在中国，在世界其他地方，对残疾员工来说，仍然是路漫漫其修远兮。

附录 1-1 残友软件家训

残友软件家训包括以下十点：

1）心存感恩；
2）真诚相待；
3）尊重他人；
4）谦逊亲和；
5）宽容大方；
6）关怀战友；
7）勇于担当；
8）善待自己；
9）珍惜拥有；
10）每日一省。

资料来源：由残友提供。

附录 1-2 “百城万人”项目

- 由郑卫宁慈善基金会整合相关慈善资源全面助力
- 由残友集团整合相关技术资源全面助力
- 由残友就业指导中心、残友培训专业团队具体对接，如提供残疾人评估筛查、岗前培训、岗位设计、商务对接、资源匹配和平台搭建等

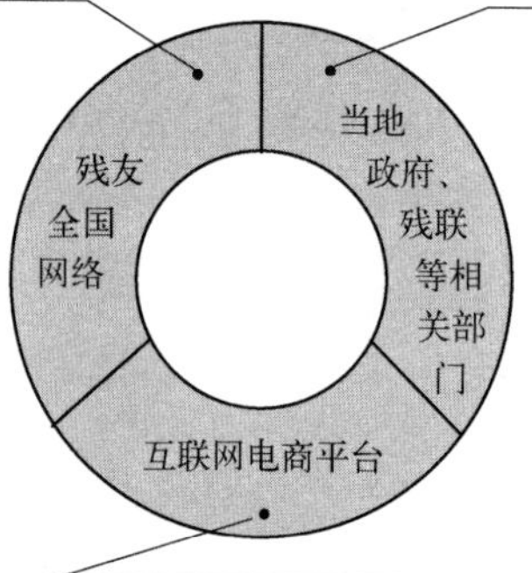

- 全面指导、监督把控
- 确定固定人员主持(如就业部门领导)
- 莫低于筛查、精优筛选，品质从高，组织当地残疾人
- 安排培训、就业，发展居家与集中两种就业形式
- 处理当地相关事务

- 提供职位
- 与其他电商资源合作
- 提供训练与技术支持
- 制定评估及绩效薪酬标准等

来源：由残友提供。

附录1-3　郑卫宁慈善基金会赞助的非营利性组织（截至2012年年底）

	组织名称
1	中华残疾人服务网
2	深圳市信息无障碍研究所
3	深圳市关爱残友志愿者协会
4	深圳市残友社工服务社
5	海南残友信息技术研究院
6	上海残友集中就业发展中心
7	深圳市罗湖区卫宁社区服务中心
8	卫宁读写障碍中心
9	残友无障碍出行服务中心

资料来源：由残友提供。

附录 1-4　残友“三位一体”模式

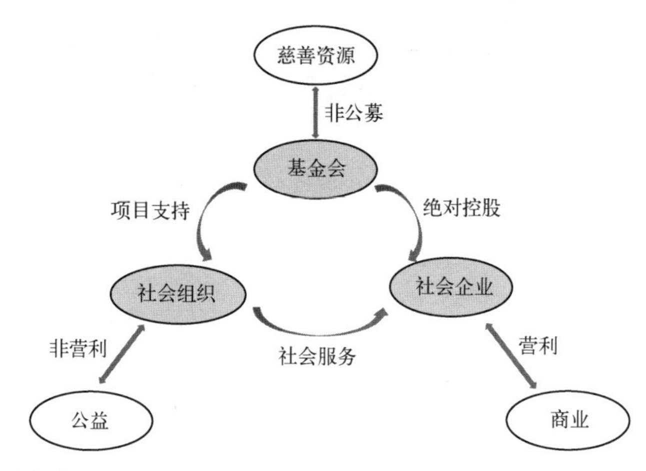

资料来源：由残友提供。

点评

社会使命是社会企业可持续发展的指路明灯

厉 杰*

社会企业会面临很多有关经济和社会价值权衡的艰难抉择。尤其对于创业初期来说，这样的选择更具有危险性，一旦棋错一着，就可能面临创业失败的风险。那么对于社会企业来说，是否存在可持续发展的标准模式，以便在类似的艰难时刻可以做出相对正确的选择？深圳残友集团有限公司（下文简称“残友”）作为一家较为成功的社会企业，可以给目前正在努力中的社会企业一些参考。

回顾15年，残友从当初罹患重症血友病的郑卫宁和其他四位残疾人一起组建的残疾人计算机学习兴趣小组，发展成为今天拥有1家慈善基金会、14家非营利性社会组织和42家营利性社会企业的残友集团，残友凭借其坚定的初心，挺过了风风雨雨。

诚然，成就残友今日辉煌的原因有很多，比如在20世纪90年代就进入网页开发领域，赶上互联网的风口；不断以高标准要求自身，在2012年荣获CMMI五级认证，而全国目前仅有极少数公司拥有这一等级的认证；不断探索计算机新领域，寻找有潜力的新兴行业（如动漫、电子善务）；招收高科技残疾人才，为他们提供各类福利保障；为员工创造“家”一般的

---

* 上海大学管理学院副教授。

企业文化，提供其他公司无法提供的残疾人归属感；采用“三位一体”模式，成功解决了社会企业经济和社会价值的权衡。

残友集团如今的成功与几次关键的选择是密不可分的，这几次选择成为残友重要的转折点，让残友逐渐明确自身使命，也让市场逐渐看到残友的原则和决心。第一个关键选择出现在1999年，中华网意图以1 000万元的价格收购残友一手创立的中华残疾人服务网。郑卫宁认为创立该网站的初衷是想为残疾人创造一种全新的生活方式，故拒绝了收购。第二个关键选择出现在2000年初，由于残友开设的网吧业务发展不错，广州残疾人联合会想要与残友合作开设更多网吧，但被郑卫宁拒绝，因为他认为网吧只是盈利的手段，研发才是残友真正需要做的事情。第三个关键选择是长期持续的，即残友选择遵循“永不放弃任何残疾人”的黄金法则，不仅为新员工提供入职指导，还为所有员工提供终生基本收入，确保残友的每位残疾人员工都能享受高福利的退养制度。第四个关键选择是残友坚持绝大多数使用残疾员工，为残疾员工解决就业问题。残友会严格地评估非残疾员工的价值观是否与公司相符，最后极少数被招入的非残疾员工也是主要在物流系统中担任司机的工作。

以上四个关键选择的共同点在于，在面对商业利益等诱惑时，残友都选择了坚守初心，即真正改变社会对于残疾人的看法，证明残疾人的价值。作为一家社会企业，残友以盈利为手段，用“三位一体”的模式，成功打造残疾人工作生活的新家园，最终为社会解决残疾人就业及福利保障问题。真正意义上做到了以创业带动就业、关注社会弱势群体、创造社会价值。

郑卫宁担心在他离开残友之后，公司是否会忘了初心。对于社会企业来说，经济价值和社会价值的博弈永远在进行。而对于国家来讲，创业生态系统的成功在于经济创业和社会创业的共同发展。我们并非要求所有的社会企业每次都选择唯守社会价值而置经济价值于不顾，因为资金是企业发展重中之重的一环，那样的企业也同样不利于社会的进步与发展。我们想要强调的是，管理者的选择将会改变公司的未来，一家拥有鸿鹄之志的企业若只单单着眼于眼前的利益将难以长久。企业在有余力的情况下，应尽可能地关注社会问题，思考能否通过组织运作创造出一定的社会价值。社会企业可持续的发展不仅依赖于商业任务的成功执行，更取决于全体员工能否齐心协力为社会真正做出有意义、有价值的贡献。

残友集团带来的一些启发

曹　军*

我们要承认对于残障人有太多认知的盲点，我们应重新认识和思考。残障人一定不如普通人吗？普通人一定比残障人强吗？我们知道残障人在努力证明的是什么吗？残障离我们普通人远吗？他们是弱者、他们很可怜、他们很悲惨……这是我们这个社会从来如此的观念，但从来如此就对吗？

在传统意义上，残疾人是不正常的，是有疾病的，需要矫正，需要强行治疗，治疗结果的参照物是谁？是我们健全人。我们有健全的肢体、有明亮的眼睛、有灵动的耳朵、有超群的智商，残疾人竭尽全力渴望得到这一切，但能得到吗，于是残疾人自卑于永远实现不了的“健全康复”梦想，于是造就了残疾人弱者、可怜、悲惨的形象，假如其中有人还努力工作和学习，我们一定会赞扬他“身残志坚”“自强不息”，难道努力工作不是每个社会人应该做的事吗？

如果我们换一个角度看问题：残障人和我们普通人是一样的。如果我们可以真正平等地看待他们，如果我们把残障人看作人类多样性组成的一个部分，他们和我们一样有优点、有缺点、有七情六欲、有喜怒哀乐、有被认可的需要、有被赞赏的骄傲。唯一不同的是他们有一些显性的障碍，难道我们普通人就没有需要求助于他人解决的障碍吗？如果残疾不再是

---

* 深圳喜憨儿洗车中心创始人兼 CEO。

医疗诊断、医学范围内的伤残鉴定，障碍是可以消除的。设置坡道、无障碍卫生间、无障碍公交车、低位开关、横置把手、畅通盲道、搭建适合智障人工作的就业环境等等，如果这一切都可以实现，残障人还有障碍吗？残障人和普通人还有区别吗？残障人和普通人不是可以一样努力工作吗？

郑卫宁先生是一位肢体残障者，他带领着肢体残障人创办残友集团，努力工作艰辛创业，成就了很多普通人都难以企及的事业，彻底颠覆了社会对于残障人士的传统看法。郑卫宁先生找准了肢体残障人士的比较优势，他不仅证明了残障人士在社会应有的平等，而且还提出“让残疾人强势就业”的革命理念。肢体残障可以借助辅具消除生活障碍，肢体残障行动的不便反而激发了其计划条理能力的增强，这就是其比较优势。扬长避短，他们可以静心持久地发挥优势，从事脑力劳动，互联网和电脑的结合给他们带来无障碍的工作机会。

从“中华残疾人服务网”开始，借势互联网蓬勃发展的机遇，革命性地发挥出肢体残障人士代偿效应，加之残障人士与之俱来、持之以恒的顽强精神，业务一步步拓展至软件开发、动漫制作、电商客服等盈利能力较强的领域。残友集团在实现盈利的同时考虑到肢体残障人士的特殊需求，为解除残障员工后顾之忧推行高福利退养制度，并且率先采用“三位一体”的制衡机制将商业企业、基金会、非营利组织有效结合，达到商业和公益的博弈平衡，从而实现永续经营，这是一个非常行之有效的用商业办法解决社会问题的典范案例。

如今，残友集团在互联网行业 20 年的奋斗中，创办了 42 家营利公司和 14 家非营利性组织，解决了数千肢体残障人士的互联网就业，成就残障人事业、树立残障人典范，使数千万残障人改变了观念、看到了希望、找到了方向，这是残友集团做出的最大的社会贡献，让人敬佩。

希望在残友模式的启发和引领下，我们的残障人事业和公益事业都可以客观理性的重新改革发展思路，不寻求怜悯、不绑架道德，少点唯心、多点唯物，少点抽象、多点具体，面对残障人问题乃至社会的很多问题其实需要的不是眼泪而是我们贡献的智慧和解决方案。

2 喜憨儿：打造一家可持续发展的中国社会企业[①]

2017年9月24日，深圳喜憨儿[②]洗车中心获得在深圳举行的第六届中国公益慈善项目大赛的金奖。其创始人兼CEO曹军对此深感欣慰。曹军的儿子患有轻度智力障碍，所以他深知心智障碍者所面临的困境和挑战。2014年，他决定做些什么来改善心智障碍者的生活。曹军用了一年多的时间为心智障碍者探索和实验各种就业机会，并于2015年在深圳成立了喜憨儿洗车中心。此后，许多心智障碍者的父母找到曹军，希望他能雇用自己的孩子。虽然曹军也想尽力帮助更多的心智障碍者，但他的资源毕竟很有限。

虽然获得了金奖，但曹军明白前方的路对他和喜憨儿洗车中心依然荆棘密布。从喜憨儿洗车中心创立伊始，曹军就决心建立一家能够创造利润，长期可持续发展的社会企

---

① 本案例由中欧国际工商学院管理学副教授庄汉盟(Daniel Han Ming Chng)、资深案例研究员赵丽缦和研究助理孙鹤鸣共同撰写。在写作过程中得到了深圳喜憨儿洗车中心的支持。该案例目的是用来作为课堂讨论的题材而非说明案例所述公司管理是否有效。

② “喜憨儿”一词在广义上指心智障碍者，包括自闭症、脑性瘫痪、智力迟缓以及其他精神障碍患者。在喜憨儿洗车中心，所有心智障碍员工都被称为“喜憨儿”，在这个案例中，“喜憨儿”是这个社会企业的简称。

业[①]，而不是依赖社会捐赠的慈善组织。当他回顾这个奖项时，他在想："我们的社会企业是否有一个可持续的商业模式？我们应该如何发展喜憨儿洗车中心让更多心智障碍者受益？"

喜憨儿的成立背景

创始人兼首席执行官：曹军

1997年，曹军来到了深圳并在一家国企工作，但他很快便辞职去了一家多媒体公司。2000年初，他创办了两家通信技术企业。2004年，曹军进入快速发展的金融投资行业，并在该行业工作了8年。在这期间，他参与了资产重组工作，并负责几个大型、复杂的并购项目。他说："通过这些经历，我的逻辑思考与计划能力得到了提高。更重要的是，我还认识到要对我们生活的社会负有责任感。"

这一时期，曹军努力工作，以缓解他对儿子的担忧。曹军的儿子出生于2002年，在几个月时被诊断为轻度智力迟缓。曹军回忆道："那个时候，我非常担心我儿子的未来，晚上睡也睡不着。想到自己和妻子老了，不能照顾他的时候，我更加不安。"

2013年，曹军在与家人一同旅行时，接触到了针对老年人

① 社会企业是指通过商业活动实现社会目标的企业。社会企业的组织形式可以为营利、非营利或混合形式。根据中国公益慈善项目交流展示会社会企业认证标准，社会企业需要满足以下条件：(1) 社会目标优先；(2) 组织合法注册一年以上；(3) 组织独立运作；(4) 组织应有一个团队，员工服务三年以上；(5) 该组织50%以上的收入应该来自其经营活动(商品销售和服务)。在中国公益慈善项目交流展示会认定的社会企业中，喜憨儿2016年被评为社会大企业，2017年被评为优秀社会企业。

的养老项目。这些老年人一起生活在一个大院里，通过出售自己种植的有机蔬菜和饲养的家畜来维持生活。曹军当时就在想，他是否也能和心智障碍儿童的父母做些类似的事。曹军说："作为心智障碍儿童的父母，我们关系很好，有很多共鸣。"虽然当时的想法还不成熟，但他开始与儿子就读的特殊教育学校的很多学生家长沟通，试图获得他们的关注，并致力于一起为孩子们做些事情。

曹军解释说："我儿子那时 11 岁，我一直在思考他的未来。中国目前没有好的解决方案，任何政府的解决措施都需要较长时间。因此，我想自己寻找解决之道。作为一名父亲，我不能坐以待毙。"

曹军广泛搜寻成功模式，想为心智障碍者提供长期的就业机会与看护。曹军在台湾地区调研时发现了台湾喜憨儿社会福利基金会的模式，这给了他很多启发。成立于 1995 年的台湾喜憨儿社会福利基金会经营的服务项目有 40 多项，如面包店和休闲餐厅。基金会雇用了 600 多名心智障碍者。2006 年，基金会为心智障碍者修建了喜憨儿之家，取名为"天鹅堡"。资金一部分来源于心智障碍者的父母或家人以及非政府组织的慈善捐赠，一部分来源于业务利润。"天鹅堡"为 99 名心智障碍者提供全天候看护服务[①]。在这里，他们能接受技能训练与适当的医疗照顾。

曹军相信这样的模式是可行的，它可以为心智障碍者提供就业机会，并照顾他们一生。然而，曹军面临的挑战是如何在中国大陆地区实施类似的模式，因为中国大陆心智障碍者面临

---

① 喜憨儿社会福利基金会官网，http://www.c-are-us.org.tw/swan_castle/takecare_service，最后浏览日期：2018 年 11 月 3 日。

着不同且更具挑战性的问题。

中国心智障碍者面临的社会挑战

2017年，中国残疾人联合会报告称，中国有超过1 000万的心智障碍者[①]。在中国社会中，心智障碍者面临严峻的社会挑战。

许多父母会抛弃心智障碍儿童，这些孩子通常会在精神病院长大。虽然政府为心智障碍者提供特殊的医疗教育服务，但是集中性的机构往往距离很远，难以利用。照顾心智障碍者的负担主要由家庭承担，而家庭往往难以提供充分的看护[②]。那些和家人在一起的心智障碍儿童，通常与未就业的年长亲戚一起生活，由他们看护。这样一来，心智障碍者很少甚至从未接受过教育或培训，在中国，只有不到7%的心智障碍者找到了有偿工作。

对于少数就业的心智障碍者，他们通常在食品制造单位工作（比如快餐店或面包店）或在工厂从事简单作业，如折纸盒或给物品装袋。即便如此，他们几乎不能独立，大多数人一生都需要成年监护人看护。对于心智障碍儿童的父母来说，孩子的未来依然是他们最担心的。

曹军说："在深圳元平特殊教育学校，每年大约有100名学生完成必修的教育。但是大多数毕业生仍然待在家，只有1到

---

① 中国残疾人联合会：《2017年中国残疾人事业发展统计公报》（2018年4月26日），中国残疾人联合会网站，http：//www.cdpf.org.cn/zcwj/zxwj/201804/t20180426_625574.shtml，最后浏览日期：2018年11月3日。

② Y-Wang：《中国残疾人士概况》（2016年5月7日），华源协作，https：//www.chinasource.org/resource-library/articles/a-glance-at-people-with-disabilities-in-china，最后浏览日期：2018年11月3日。

2个毕业生会被酒店等企业雇用做清洁工作。目前在洗车中心上班的一位智力障碍员工，曾在香格里拉酒店上班，但两个月就被辞退了。虽然我们对'喜憨儿'非常了解，但当他们发脾气或不能自控的时候，我们同样什么都做不了。一些'喜憨儿'甚至还患有癫痫、先天性心脏病、肺动脉高血压等疾病，因此大多数公司都对雇用他们有所顾虑。"

曹军以雇用心智障碍者为愿景，仔细研究了他们可以做的不同类型的工作。他在参观心智障碍者从事简单组装工作（如折纸盒）的工厂时注意到，任何需要精细动作技能的工作，他们都做得很吃力，报废率很高。同时，持续时间较长的工作他们也很难坚持，常常要求休息，生产效率很低。

喜憨儿洗车中心的建立

心智障碍儿童开心地玩泡泡的场景使曹军产生了成立洗车中心的灵感。曹军希望喜憨儿洗车中心成为一家营利性的社会企业，而不是慈善机构，因为他希望建立能为员工一生提供就业机会的可持续发展的企业。虽然社会企业可以得到政府、当地社区或个人的一些捐助，但这并不应成为公司生存的支柱。相反，洗车中心应采用一个可行的商业模式，可以产生足够的收益支持公司的长期运营及其社会目标的实现。

随着曹军的想法日渐成熟，他联系到几位父母并邀请他们加入。"我只选择像我一样有心智障碍孩子的父母，因为我们对孩子有相同的理解，也有相同的动力。"曹军说。最终9位父母加入了曹军的计划，每人向洗车中心投资10万元。

2015年7月，喜憨儿洗车中心试运营，2015年8月8日正式营业。洗车中心位于深圳福田区。曹军从当地一家国有汽车修理厂免费获得了一个40平方米的洗车场地。

虽然洗车服务由心智障碍者提供，但是曹军并不想仅仅吸引顾客的同情。他决心提供能与其他营利性洗车中心相媲美的服务，尽管其员工的效率、生产力及顾客期望值都相对较低。考虑到心智障碍员工的特殊性，他重新设计了整个洗车流程。喜憨儿洗车中心的洗车服务平均需要20分钟，这和普通洗车中心的时间差不多。

曹军还为所有洗车服务设定了市场价格。基本的洗车服务费为35元，顾客经常主动额外付款，曹军却拒绝接受。他解释称："我们的模式应该是可持续的。如A顾客支付100元，但B顾客只支付35元。B顾客可能会感觉不舒服。但是他并没有做错什么。如果A顾客再次光临，但支付的价格少于100元，他/她也可能会不好受。我们并不想依赖顾客的捐赠。每位顾客都是平等的。我们应该依靠服务质量，赢得客户的尊重。"

2016年，喜憨儿洗车中心雇用了16名心智障碍员工，包括四名轻度心智障碍者，10名中度心智障碍者，两名重度心智障碍者(参见附录2-1)，他们每天完成40—60次洗车服务，最高可达到74次。

除了提供洗车服务外，喜憨儿洗车中心的心智障碍员工将继续接受不同的知识技能训练。曹军想使洗车中心成为员工可以学习与进行康复训练的地方。为此，他在洗车房旁边租了一个90平方米的培训场地，曹军每月只需支付1万元的优惠租金，而不是每月3万元的市场租金。

喜憨儿的运营

为了保证洗车服务的质量，曹军针对心智障碍员工仔细设计了洗车中心，包括场地布局和洗车全过程的方方面面。曹军组建了一个团队，由一名中心经理、两名洗车导师和两名特殊教育导师组成。洗车导师训练和指导员工洗车，特殊教育导师负责员工工作休息期间的继续教育以及康复训练。

能力评估和团队构成

基于心智障碍等级及身体能力，曹军及其团队精心制定了一套评估、分配及训练每位心智障碍员工的方法。他们将一块模拟运动型多功能汽车实际大小的大面板分成18个网格，并发给每位心智障碍员工一块毛巾清洁脏板（参见附录2-2）。特殊教育导师会认真记录员工的清洁行为，甚至备注员工在整个清洁过程中是否翻动毛巾。一些员工会因为身体障碍而不能清理汽车的下半部分。每个格子的分数取决于员工对各个格子清理的干净程度。

根据他们的能力将心智障碍员工编配到不同的团队。每个清洗团队由一名洗车导师管理，团队包括不同程度心智障碍的成员。虽然比起重度心智障碍员工，轻度心智障碍的员工能完成更多任务，但团队合作却能完成整个洗车任务。这一原则使得每个团队能团结一心，提高效率。正如曹军所说："中国许多心智障碍者的等级为中度到重度。如果我们只雇用轻度心智障碍者，那么大多数心智障碍者都不能找到工作了。"

培训

为了提供高质量的洗车服务，培训是至关重要的。整个清洗过程分为10部分，以保证每个员工能最大效率地完成他们力所能及的任务。例如，有些心智障碍员工可能不明白一个车有两面，清理完一面之后会忽略另外一面。导师们会指导他们选择一个开始点（如左后视镜），绕一个完整的圈来洗车，以保证“较大的部分不会被遗漏”。车辆冲洗完毕后，导师会指导员工使用一块较小的布擦车，确保“较小的部分不会被遗漏”。在员工掌握了洗车方法后，他们将学习如何完成更复杂的服务，如汽车打蜡和抛光。

薪资

喜憨儿洗车中心提供给心智障碍员工的工资与其他洗车中心正常员工的工资在同一水平。扣除社会保险后，他们每个月能得到约 2 000 元。虽然员工们做不同的工作，但他们的报酬一样，因为他们是作为一个团队一起工作，为了完成工作付出了相同的努力。曹军也为员工提供免费午餐，每月花费约 9 000 元。他雇用了经验丰富的洗车导师和特殊教育导师，每月工资在 5 000 元到 7 000 元之间，比行业水平高出20％到 30％。曹军深知，为了让导师们与心智障碍者一起工作，他需要支付高一些的薪水，但他支付不起更高的薪水，因为他需要洗车中心在经济上有盈余。

康复训练

曹军在洗车中心为其员工搭建了一个特殊训练的场地。特殊教育导师在心智障碍员工休息时给他们上课，上午一小时，下午一小时。培训包括读、写以及心理疏导。心智障碍员工也可以使用培训室内的两辆训练自行车和一台跑步机进行身体康复训练。

喜憨儿洗车中心的影响

喜憨儿员工的进步

洗车中心成立初期，导师们每天中午会带心智障碍员工到附近一家出租车公司的食堂吃午饭。刚开始，心智障碍员工没有意识到需要排队，也不知道应该先取盘子，然后再盛饭菜。但是经过指导，他们已经能独立地在餐厅与出租车师傅一起吃饭。刚开始，出租车师傅因曹军的这些特殊员工感到不自在，但很快就接纳了他们，很多人甚至愿意在午餐时与他们交流。

曹军没有为心智障碍员工提供住宿，因为他认为员工每天回家能让他们更好地融入社会。刚开始，心智障碍员工的父母护送他们到家附近的公交车站，洗车中心的导师再从洗车中心附近的公交车站把他们接回来。渐渐地，心智障碍员工能够独立地往返于工作地点与家之间，但是父母与特殊教育导师会悄悄地跟着他们以保证他们的安全。

在洗车中心工作让心智障碍员工变得更加自信，并且愿意与他人交流。起初，他们经历了各种各样的情绪和压力，但是经过一段时间的训练与调整后，他们的身体协调与沟通能力取得了巨大进步。很多员工可以向客户打招呼，甚至记住一些常客的名字。

顾客行为的变化

曹军还注意到，顾客不再以不同的眼光看待心智障碍员工。其中，一位需要抛光的顾客还开始与他讨价还价，这让曹军倍感欣慰。曹军说："以前顾客主动额外支付50元或100元来表达他们的同情，但是现在他们像在其他洗车中心一样还价。这表明，现在他们公平地对待我们，对我们的特殊员工团队表示真正的尊重。"

社区洗车项目

在2016年初，一些老顾客问曹军，他们是否可以一次购买多次洗车服务，因为他们定期来洗车。曹军对这些客户的主动和认可感到高兴。因此，洗车中心推出了两种会员卡：A卡包含10次洗车服务，价格为350元，B卡包含30次洗车服务，价格为900元。

2016年年中，中国十大报业集团之一的深圳报业集团与喜憨儿洗车中心合作，利用其微信平台开展基于社区的洗车服务。通过这个社交平台，公司与个人可以向喜憨儿洗车中心购买洗车服务并捐赠给深圳来喜憨儿洗车中心洗车的顾客。任何到店的顾客只需再支付1元的洗车费。

这项推广活动持续了近半年。在此期间，捐赠者约购买了2 000次洗车服务(约7万元)。虽然一些顾客刚开始对心智障碍员工洗车持怀疑态度，但看到他们努力工作的样子，深受感动。这次推广让更多人了解心智障碍者及其在社会中面临的种种困难。

声誉渐旺

随着曹军的喜憨儿洗车中心赢得越来越多人的赞誉，许多城市的残疾人联合会和心智障碍者的家长前来学习喜憨儿洗车中心的模式。曹军与他的团队也积极宣传他们的模式，并非常愿意向有兴趣帮助心智障碍者就业的任何人分享喜憨儿洗车中心的商业模式。

青海省残疾人联合会参观过曹军的洗车中心后，于 2016 年 8 月 8 日在西宁成立了“青海喜憨儿洗车中心”，雇用了 16 名心智障碍员工。截至 2017 年 5 月，中国各地的残疾人联合会或有心智障碍孩子的父母共同成立了 7 个类似的喜憨儿洗车中心，并且还有 20 多家洗车中心在建。

甚至有投资者找到曹军，希望出资在中国建立更多洗车中心，但被曹军拒绝了。他解释说：“支持和帮助残疾人就业是当地政府的责任。如果私人投资者快速地在中国建立大量的洗车中心，政府会认为残疾人就业很容易，就不会重视对残疾人的政策支持。当那些私人投资者发现很难挣钱时，也可能很快撤资。我认为，最好是让政府介入，为残疾人建立更加有利的政策支持环境。”

曹军认为政府更多地介入与支持(如免税、土地授予)，才能让中国的心智障碍者获得更加可持续的发展。

社会奖项

喜憨儿洗车中心获得了“中国网事·感动 2015”中国网络感动人物提名奖，第 13 届深圳关爱行动“十佳创意项目”，以及 2016 年第三届鹏城慈善奖“典范项目奖”。

2017 年 9 月 24 日在第六届中国公益慈善项目大赛中，喜憨儿洗车中心在全国 1 671 个申报的项目中排名第一，最终荣获本届大赛金奖。

未来发展

喜憨儿洗车中心只是曹军的起点，他的长期梦想是建立更大的社会企业，为心智障碍者的一生提供可持续的就业机会与关怀。为此，他要做的第一步是，让洗车中心盈利并进一步成长。为此他不断地探索各种商业机会，拓宽收入来源，让他的社会企业能雇用更多心智障碍者。

曹军曾在成立喜憨儿洗车中心之前参观了许多不同的社会项目来寻找灵感。比如他参观了福建星星农场，这个项目由一群自闭症儿童的妈妈赞助。在农场里，“喜憨儿”与其他正常农民一起参与简单的农事活动，比如除草、播种、喂养小牲畜（鸡、鸭等）。但是，农场需要投入大量资金来获得运营所需的土地，而且获得可持续的收益回报也很困难。

曹军还拜访了上海几家社会企业。其中有一家咖啡店的大多数员工为听觉障碍者，并且该店还雇用了一名心智障碍者为顾客端咖啡。但是，曹军注意到心智障碍员工端一杯普通咖啡都很吃力，总会洒出来。曹军还参观了雇用身体残疾人士的面包店。除了选择参观这些店外，曹军还研究了大米的加工、包装和分销，因为它的需求稳定、操作简便。为了计划未来的扩张，曹军需要探索如何才能让心智障碍者高效开展这些活动。

曹军意识到，他必须一步一步地来为心智障碍者建立他心中的梦想之家。他理想的社会企业理念是“通过就业关爱心智障碍儿童”。该模式为心智障碍者提供了不同形式的就业机会，也为他们提供了持续关爱与发展（参见附录 2-3）。

该模式还需要国家、地方政府、相关行业、各地社区、心智障碍者家庭的支持。这样，心智障碍者才能为社会提供有价值的服务，实现自我价值，赢得他人尊重，并活得有意义。

未来挑战

尽管曹军对喜憨儿洗车中心迄今为止所取得的成就感到满意，并对其未来感到乐观，但他知道他还将面临许多挑战。比如如何平衡喜憨儿的社会目标和商业目标两者的关系？他应该做些什么来使这家社会企业具备可持续的商业模式？此外，他还在考虑如何运用自己的模式来造福中国的心智障碍者……

附录 2-1　美国智力迟缓协会心智障碍等级

心智障碍等级	智商得分	描　　述
轻度	50—70	在社区与社会的支持下，基本能自理，在一定情况下可独立生活
中度	35—55	在轻度监护下，可开展工作和自理事项
重度	20—40	可能具有非常基本的自理与沟通技能
非常严重	低于 20	通过适当的协助与培训，可提高自理与沟通能力

注：智力迟缓指 18 岁以下儿童出现的发展性能力丧失。

资料来源：Ch. AsadNisar：《智力迟缓等级与分类》，SCRIBD，https：//zh. scribd. com/doc/53078772/Classification-and-Types-of-Mental-Retardation，最后浏览日期：2018 年 11 月 20 日。

附录 2-2　喜憨儿心智障碍员工评测

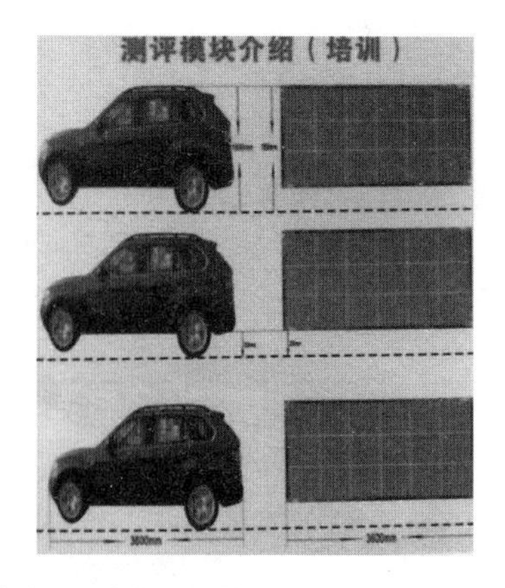

资料来源：由喜憨儿洗车中心提供。

附录 2-3 通过就业关爱心智障碍孩子的实践

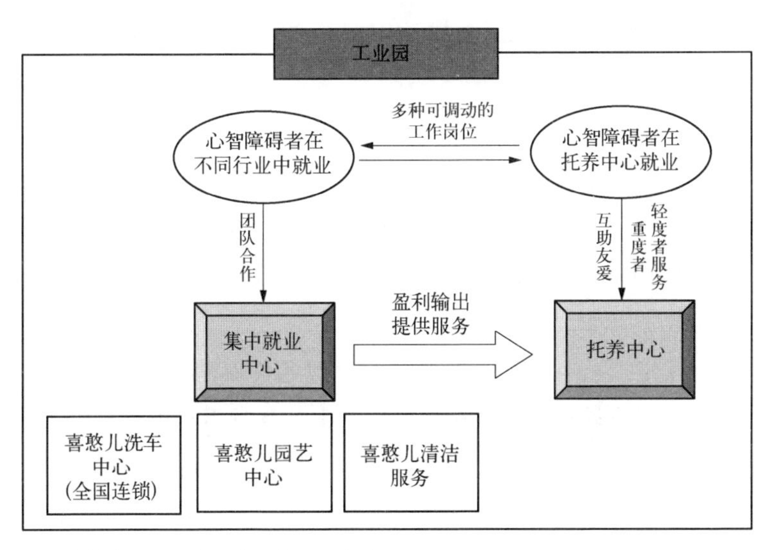

资料来源：由喜憨儿洗车中心提供。

点评

喜憨儿——社会企业的中国光芒

刘　振*

案例细致刻画了"喜憨儿"这家社会企业，从创意产生到组织创办，再到落地起步直至未来发展的全过程视角，对过程中的关键环节、要素和节点问题均进行了翔实的描述。

首先，创始人曹军的家庭不幸遭遇使其具备了较为强烈的社会创业动机，这种基于社会创业者自身需求的动机，有助于社会创业过程的持续性。其次，尽管有来自台湾地区的成熟模式可以参考，但是"喜憨儿"在实际运作过程中仍遭遇了难以规避的障碍，比如制度体系缺失、社会认知不足等，因而如何基于实际行动改变社会传统观念成为其落地及生存的基础。再次，对"特殊员工"的培训、提升与照料需要大量资源，而如何获取和配置资源，特别是如何通过"喜憨儿"自身运作创造资源成为其生存及发展的关键。最后，运作过程中如何平衡市场化与慈善化是"喜憨儿"能否在激烈的市场竞争中彰显社会企业特殊身份的重要环节。曹军寄希望通过既有业务盈利、拓宽收入来源、开发更多的商业机会、雇佣更多的心智障碍者等手段，为心智障碍者提供可持续的就业机会与关怀，实现市场化而非慈善化主导的社会企业运作模式。可以说，案例客观真实地反映出了中国情境下，社会企业创办发展过

* 山东大学国际创新转化学院副研究员。

程中的“酸甜苦辣”，对于社会创业研究及教学，都是既充实生动又紧贴实践的绝佳资料。

尽管我国真正称得上社会企业的组织，相比商业企业数量甚微，但由于制度缺失、公共基础不健全、地区间经济与社会发展差异、社会创业受众日益增多等各方原因，经济发展与社会进步对社会创业的内在需求与日俱增。然而，由于正式制度的缺失，现实中的社会创业活动，特别是社会企业的经营发展面临诸多障碍，比如制度、运营、市场等不同层面的难题比比皆是，使得诸多有望成为社会企业的组织望而却步。但在“喜憨儿”中，我们或许能够找到一些问题的答案。

首先，社会创业的需求等同于机会吗？

为患病儿子解决未来生活问题是曹军创办“喜憨儿”的根本初衷，而国内现有制度及公共基础的不健全所造成的心智障碍患者的生活问题是其需要满足的社会需求，这种需求来源于制度空隙，可以为大众发现。然而，社会需求并不直接意味着社会创业机会，两者之间还需要一个转化过程，在案例中体现为“依靠帮扶”的心智障碍者向“自力更生”的洗车工的身份转变。这表明，真正能够满足社会需求的，能够让社会创业受众参与价值创造过程的观点和手段，可能才是社会创业的机会所在，而这种主观创造出来的机会而非客观发现的需求，可能是社会创业的社会目的和经济手段之间的转化桥梁。

其次，社会企业靠什么来建立声誉？

声誉或认知（合法化）水平是社会创业得以存在和发展的关键要素，而如何建立声誉或提升认知层面合法化是社会创业难点之一，但“喜憨儿”给出了可行方案。案例并非主打“苦难”这一亲情牌，而是通过提供与市场中洗车店同样水平的服务来赢得顾客对服务质量和水平的认可，而不仅是博得同情。这表明，社会企业的声誉及认知水平，来源于参与市场竞争的过程及成效，在此基础上，受众、社会需求的特殊性才能有助于提升声誉及合法化水平，社会企业才能建立自主经营、自负盈亏、持续发展的坚实基础。

最后，支撑社会创业可持续发展的根本基础是什么？

在规划“喜憨儿”的未来发展时，曹军的困惑集中于如何建立可持续的社会企业商业模式，实现社会与商业的平衡，而这同样是社会企业面临的共同现实问题，根本原因还是有关社会企业的确切概念及类型无论是学术界还是实务界仍尚存争议。然而从推动实践发展的角度看，社会企业的确需要持续发展才能保持创造社会价值与解决社会问题的活力和动力，因此我们需要思考的问题是：社会企业可持续发展的基础，是彰显出一种可复制和借鉴的价值转化模式，还是满足更多数量的特殊受众的需求？抑或是基于“自下而上”制度逻辑对既有制度体系产生影响？

星星之火，不借风势，难以燎原！也许目前我们还不知道问题的答案，但只要各方形成合力，共同促进社会创业实践的蓬勃开展，并不断在实践中总结提炼理性规律，相信假以时日，如“喜憨儿”一样的社会企业定会发出自己耀眼的光芒！

喜憨儿洗车中心带来的启示

叶 青* 邵 捷**

针对运作模式方向性的建议和思考，喜憨儿在未来发展上可能有两个可扩充和发展的业务模式。

（1）以现有运行的喜憨儿洗车中心为基准，不断完善改进运营模式的可行性、效率和盈利水平，建立一套针对智障人士在洗车行业的"标准化流程"，以期通过加盟或者援建的方法，复制该标准化流程。在全国各地针对有兴趣、有能力的智障人士团体进行该商业模式的复制，为智障人士的养护和扩大就业面提供最大可能的帮助。

（2）维持这家洗车中心现有的运营，加大调研力度、提升调研能力，加强对可行的就业工种、相对应的培训课程和培训能力建设，以及后续的实体运营管理模式的建立与指导等系统性的核心能力培养，实体门店运营仅作为实践商业模式以及试错的调研场所，而将主要精力用于整个智障群体养护、就业和持续培训的研究和开发上。换句话说，通过调研和实践，开发出一整套为智障人士提供洗车服务的培训内容作为"核心产品"，进而依托社会资源，商业资源和各地政府扶助智障人士的政策来为这个"核心产品"买单，产生具有更大社会意义、影响力和稳定收入来源的产品。

如果是针对目前的运作模式，以洗车中心的运营和发展

---

* 社会创新合作伙伴（上海）合伙人，上海美国学校校董会董事。
** 社会创新合作伙伴（上海）合伙人。

为核心，有几个核心问题需要商榷。

（1）现有洗车中心的运行效率的最大化的持续评估以及提高。这其中涉及培训和监控对于服务质量的提升的影响、薪资结构对于员工积极性的影响、洗车工作模块化的持续评估与改进、智障人士家庭对智障人士工作满意度的提升等。

（2）如何有效利用政府和社会资源的支持来扩大洗车中心和智障人士就业的影响力以及盈利空间。正如消费者愿意为公平贸易（fair trade）的产品支付产品溢价，喜憨儿可以在考虑服务定价时不仅仅以市场价格为唯一考虑标准，同时可以思考是否可以提供其他的附加服务以提升盈利能力。有效利用政府机关和大的企事业单位的集团购买来保证稳定的收入来源。

（3）鉴于目前喜憨儿已经在运营洗车中心相关联的培训中心，可以考虑如何更好地利用这个培训中心提炼出来的培训内容和课程，利用线上资源，对其他不能来到现场的智障人士服务团体提供服务与支持，适当的时候可以考虑合理收费，作为喜憨儿的另一个业务中心。

如果是针对第二个运营模式，则需要考虑更长远更大力度的投入，而政府和社会资源的有效利用则显得格外重要。几个核心问题需要进一步分析探讨。

（1）针对不同程度的智障人士，什么样的服务比较适合？重复性标准化的还是创造性独特性的服务？

（2）如果要获得智障人士最佳服务效果，在哪种工作环境中最合适（智障人士集中工作或是智障人士介入其他工作环境中等）。

（3）“培训”作为核心产品的话，培训的师资、环境、场地、工作性质等将成为第二种模式的主要考量角度。

（4）如果纳入政府和社会资源的支持，这些资源如何利用才可能获得最大效益。

喜憨儿作为一家社会企业已经取得了可喜的发展，希望他们能不断思考、不断创新，为广大智障人士的养护、培训和就业提供源源不断的新机会。

3 老爸评测：一家社会企业的两难抉择[①]

2018年2月24日，又到一年开学季。为女儿把新学期要用的新课本包好书皮之后，魏文锋拿起手机，习惯性地查看自己创办两年的“老爸评测（DADDYLAB）”当天的运营情况。一条1万元的订单让他眼前一亮。仔细一看，是一位身在上海的家长对老爸评测“打赏”了1万元。

每逢开学季，老爸评测早期创业的情形便会清晰地浮现在魏文锋的脑海：为解决女儿使用的有毒包书皮问题，较真的魏文锋创办了杭州老爸评测科技有限公司（简称“老爸评测”），带领老爸评测团队致力于解决“发现生活中看不见的危害，让孩子远离有毒有害产品”的社会问题。随之而来的是，中国千千万万家长的追捧，微信公众号近50万的粉丝使魏文锋成为网红“魏老爸”，更使“老爸评测”成为2016年中国第四届“社创之星”年度评选总冠军和全场人气王。粉丝、同侪和利益相关者的认同使魏文锋感到无上荣耀。

“支持我们走下去的不是商业利益，而是对大家的‘爱’！”

---

① 本案例由中欧国际工商学院管理学副教授庄汉盟（Daniel Han Ming Chng）、莫伦（Peter Moran）、资深案例研究员赵丽缦和研究助理孙鹤鸣共同撰写。在写作过程中得到了杭州老爸评测科技有限公司的支持。该案例目的是用来作为课堂讨论的题材而非说明案例所述公司管理是否有效。

魏文锋介绍老爸评测时如是说。然而，他非常清楚，仅有家长的支持和对大家的“爱”，企业无法自我造血，终将难以持续发展。自2016年以来，老爸评测通过推荐优质产品，在有赞[①]和淘宝店出售优质产品，已经实现了约500万元的月营业收入，并开始盈利。魏文锋将老爸评测的模式定为“发现问题（发现有毒产品）＋验证问题（第三方实验室检测）＋解决问题（提供健康产品）”。然而，同时担任着产品检测的“裁判员”以及市场上销售产品的“运动员”，老爸评测这种看似矛盾的方式能否持续得到大家的信任？思及老爸评测的未来，魏文锋意识到他处在作为社会企业家的窘境之中：在持续营利的同时实现他为孩子和家庭创造更安全环境的社会目标。现存的商业模式可持续么？大胆尝试新模式还是执着坚守旧模式？这是一个问题。

老爸评测的创立背景

“愤青”老爸魏文锋

魏文锋，1998年毕业于浙江大学物理学系。大学期间，魏文锋看到信息技术发展的契机，便和几位同学一起创立了一个为各地环保局设计MIS系统（管理信息系统）的网络公司，并吸引了200万元的投资。然而，由于方向性错误，这家公司在两年内便倒闭了。毕业后，魏文锋进入浙江出入境检验检疫局，从事产品安全检测和产品认证工作。在这份能够

① 有赞（曾用名“口袋通”），是一家旨在为商户提供微商城和完整的移动零售解决方案的移动零售服务商。

兼顾家庭并能陪伴女儿成长的工作岗位上，他一干就是10年。

2009年，魏文锋辞去这份安稳的工作，创办了杭州瑞欧科技有限公司(后来华测入股后改名"华测瑞欧")，主要从事欧盟REACH[①]化学品法规应对工作。截至2014年底，这家公司在美国、欧洲和我国台湾地区开设了子公司，员工有150余名，已为3 000多家企业提供了化学品安全和毒理风险评估服务，年营收额超过5 000万元。正当魏文锋踌躇满志地想把这家公司做成营收上亿的公司时，一张包书皮改变了他的事业轨迹。

发现并解决社会问题

2015年春季开学的前几天，当时念小学二年级的女儿请魏文锋帮自己为新课本包书皮。做了多年产品检测和化学品安全评估工作的魏文锋，被包书皮刺鼻的气味震住了。他的直觉告诉自己，买来的书皮肯定有问题。他又从不同的文具店买来了所能买到的7款包书皮。随后，他花费了9 500元将7款书皮送到江苏省泰州市国家精细化学品质量监督检验中心进行检测。检测结果显示，7款包书皮都含有大量的邻苯(DEHP)，另有3款含有多环芳烃(PAHs)。邻苯会干扰内分泌，具有生殖毒性；多环芳烃则是化学致癌物。

在当时，"塑料包书皮的生产商其实大都是生产出口壁

---

① REACH是欧盟法规《化学品的注册、评估、授权和限制》(REGULATION concerning the Registration, Evaluation, Authorization and Restriction of Chemicals)的简称，是欧盟建立的，并于2007年6月1日起实施的化学品监管体系。

纸、墙纸的工厂，生产包书皮只是在工厂里增添一条生产线，首先厂家自己对于塑料包书皮生产就没有经验，更没有区分有毒有害材质的意识，直接就套用了墙纸、壁纸的工艺和标准进行生产。且在当时，包书皮也没有明晰的标准出台，”魏文锋说道，“我们的任务就是把这些检测合格却有害的物质检测出来，确保孩子们的安全。”魏文锋介绍，塑料包书皮可以归类到国家标准《学生用品的安全通用要求》。

魏文锋告诉女儿书皮有危险并建议女儿改用牛皮纸包书皮，但是女儿却说老师要求所有同学都用这种透明的塑料书皮。魏文锋意识到万千小学生的健康可能都存在隐患。于是，他通过发微博、打电话的方式向相关部门和杭州的媒体反映包书皮问题，结果都石沉大海，主要原因在于书皮的生产没有专门的标准进行约束。魏文锋决定“搞件大事”让他们无法坐视不管。

2015 年 8 月，魏文锋投资 100 万元创立杭州老爸评测科技有限公司[①]，专门检测日常生活中存在的对孩子和家庭的威胁。在一位家长粉丝的帮助下，他以 1 500 美元向一家已注册了“DADDYLAB.com”域名的韩国企业买下该域名，并在中国注册了该域名和商标。他坦言：“这个名字好得实在不能再好，否则，哪个词更能贴切地表达我们正在做的事呢?”[②]他的首要目标就是与畅销全国的不安全的塑料书皮斗争到底。

为了引起社会对类似事件的重视，魏文锋个人投入约 10

① 2015 年 1 月，魏文锋注册成立了一家跨境贸易的公司，一直未正式开展业务，后因老爸评测事业需要将该公司改名为“杭州老爸评测科技有限公司”。

② 杨书源，林环：《一位“愤青”老爸的突围》(2016 年 3 月 19 日)，解放日报，http://newspaper.jfdaily.com/jfrb/html/2016-03/19/content_180938.htm，最后浏览日期：2017 年 9 月 18 日。

万元拍摄了一部关于检测毒包书皮的纪录片，并将其发布在老爸评测的微信公众号上。该纪录片自2015年8月25日在老爸评测微信公众号正式曝光以后，立刻刷爆了朋友圈。随后，CCTV、人民日报等媒体纷纷转发、报道，视频播放量累计超过1 600万次。魏文锋成为“网红”，被粉丝亲切地称为“魏老爸”，得到了上万家长的支持。

魏文锋决定建立家长微信群来获得更多支持。每个微信群达到上限人数500人时，便开设一个新的微信群[①]。为了保持与政府和厂家的健康关系，魏文锋还积极邀请政府监管部门的人进入微信群，与他们商讨如何改进产品标准。

通过众筹模式做公益检测

在检测包书皮之后，不少家长开始请魏文锋检测孩子们在用的各种存在安全隐患的物品，从书桌上的铅笔、橡皮、文件袋、固体胶、台灯，到餐桌上的大米、水壶、菜板、筷子、桌垫，校园里的跑道，乃至生活中的魔术擦、净水器、驱蚊手环等等。这些需求推动着老爸评测成为一家发现危险产品并如实公布检测结果以唤起公众对危险产品警觉的社会企业。魏文锋最初的商业模式设想是众筹检测，然而，他很快意识到，检测费用是一般消费者个人无法承担的。

“以前总觉得自己会靠做检测赚一辈子的钱，却没想到有一天我会拿检测来烧钱。”面对源源不断的检测请求，魏文锋对老爸评测后续的发展充满了担忧。2015年10月底，虽然老爸评测微商城的月营收很不稳定，但公司的检测和宣传活

① 截至2017年6月底，老爸评测共有13个微信群。老爸评测的运营团队并没有根据用户的地域、工作背景或者身份的不同，对用户进行分群分类。

动已经使企业产生了近70万元的亏空。100万元的初期投资马上就要用完。在这种情况下，魏文锋在家长的微信群中宣布老爸评测再持续几个月就要解散了。

让魏文锋惊讶的是，千千万万家长粉丝团为其“撑腰”。群里一位家长说道：“魏老爸，你一定要不忘初心，为我们检测更多的东西。我们永远支持你！”许多支持者听到消息后立刻尝试通过微信捐款，有的甚至高达2万元。然而，作为一家企业，老爸评测不能依靠捐款存续下去。

为了把检测项目维持下去，魏文锋决定邀请来自全国各地的500位家长成为“老爸评测”项目的微股东，以每人3 000元作为准入门槛，募集150—200万元作为产品检测专项资金。然而，2015年11月4日，当他来到浙江省股权交易中心时，却被告知，200人以上的股权众筹属于非法集资。

2015年11月11日，老爸评测重新制订了众筹的方案，将微股东最低投资金额设为1万元，人数限制在200人以内。令他欣慰的是，更高的门槛没有减弱支持者的热情。2015年12月底，报名的微股东已经有169位。2016年1月中旬，老爸评测向报名的家长公布了众筹的细则（参见附录3-1）①。“我当时提醒各位家长说‘投资有风险’，但有的家长回复我说‘没事，就是想支持你们，不求啥回报’。这真的让我很感动。”魏文锋回忆道。几天后，老爸评测通过聚募网平台②向

① 做老爸评测的微股东，属于股权投资，需要投资人具备一定的风险承受能力。老爸评测本身不对微股东的资质提出要求，而是交由聚募专业机构进行管理，这也是出于法律合规方面的考虑。

② 聚募是一家独立的第三方众筹投资管理机构，其官网地址为www.dreammove.cn。

112 名家长成功募集了 200 万元，这些家长共同持有老爸评测 10%的股份。这次众筹为老爸评测带来新生。家长的这份信任也坚定了魏文锋继续创造社会价值的决心。

老爸评测遵循系统的方法来挑选评测的产品。家长可以在线申请产品检测（参见附录 3-2），然后老爸评测的工程师团队会对每一个请求进行评估，挑选出符合条件的项目，这些项目须具有涉面广、影响大、危害高等特点。为了保证客观、公正，用来检测的产品由家长寄送样品或者是老爸评测在市场自行购买，并由老爸评测送至有资质的第三方实验室进行检测。

在检测时，老爸评测的工程师团队会挑出待检测产品有毒有害物质超标风险较高的成分，搜索历史数据，并依据欧盟 REACH 法规数据库以及化学品危害毒理数据库，制订相关的产品检测方案，继而委托有资质的第三方检测机构进行检测。本着透明、公开的原则，老爸评测团队会将每一笔检测支出公布在其微信公众号中。

为负担这些检测的费用，老爸评测继续众筹模式：待检测的产品会向粉丝公开，并从粉丝中募资。截至 2016 年 1 月 31 日，1 944 人向老爸评测捐款，众筹金额达到 60 847 元，而当时的检测费用达到 96 883.66 元。截至 2016 年底，老爸评测团队开发的微信端众筹检测平台向 4 660 人筹集金额 240 472.16 元，全额资助了 23 个检测项目。

选择“网红＋电商”的模式

“不要说我是做公益的，这样别人会对我进行道德审判。做带有公益性质的事业，也要活下去，要有自我造血的功能。”

魏文锋说道[1]。

虽然老爸评测被定位为一个专注于解决有毒有害产品社会问题的企业，但是魏文锋也很清楚，要想持续生存下去就必须想办法可持续发展。一开始，魏文锋决定采取“网红＋电商”的模式，在社会价值和财务回报上寻求平衡。

在观看了毒书皮的视频以后，微信群中越来越多的家长开始寻找安全书皮，他们说：“魏老爸，你不要告诉我这个有毒那个有害，你应该告诉我到哪里买放心产品就可以了。”但是对魏文锋而言，发现问题是一件事，如何解决问题又是另一件事。为了给家长们找到一款放心的包书皮，魏文锋开始走访包书皮生产厂商。通过对比，他锁定一家位于上海的文具生产商。魏文锋请厂长看了他们厂所生产的包书皮的检测报告，并耐心向厂长解释他想定制一批用食品安全级的原料生产的包书皮。考虑到成本太高，厂长并没有接受魏文锋的提议。随后，魏文锋了解到厂长的儿子正在读幼儿园，在第二次走访时他质问厂长可否愿意看到自己儿子以后也天天使用有毒的包书皮。魏文锋还承诺如果新产品通过检测，他会大批量采购。厂长被这一番话所触动，遂答应魏文锋开发并生产新的包书皮。魏文锋对厂里开发的新样品进行检测后，在确保邻苯二甲酸酯、多环芳烃等参数合格的前提下，订购了 1 万张包书皮。

2015 年秋季开学的前一周，这款包书皮开始在老爸评测的有赞微商城上出售。在短短一周时间里，老爸评测便收到

---

① 张维：《“老爸”魏文锋：与“毒书皮”“毒跑道”作战》(2016 年 9 月 14 日)，新京报，https://www.sohu.com/a/114318920_114988，最后浏览日期：2017 年 9 月 18 日。

了5 000多单的团购订单。老爸评测开始通过电商平台推出更多高质量的产品。然而，与很多提供成千上万条可选商品的互联网电商平台不同，老爸评测坚持以下四点原则。

第一，老爸评测不接受任何以商业为目的，特别是可能会使其失去控制权的合作，这会导致其社会目的受到损害。比如，一个著名商家曾找到魏文锋商讨可否在合格产品贴上该商家的标志来销售。这在一定程度上确实能够提高商品的销量，然而魏文锋认为这种合作的商业性太强，而且很可能无法有效控制流通在市场上的商品的质量，故果断地拒绝了这个商家。

第二，对于销售产品的部分，老爸评测将所有的检测报告附在所售产品的介绍部分。在魏文锋心中，好的产品不是来自检测实验室，而是诚信的商家。第三方检测的报告能够确保老爸评测认证的公正，并强调他们承诺只与诚信商家合作。

第三，老爸评测在检测合格的产品中会选择一种来销售，主要考虑因素是“安全”，并考虑该产品的外观是否易于销售。对于其他产品，老爸评测会在网上商城的“好货清单”中列出，推荐给消费者。比如，老爸评测曾对市场上32种防晒霜进行了检测，发现10%的产品含有害化学成分，而真正有防晒效果的只有5种。在这5种产品中，老爸评测选择最为安全的一种进行销售；当有两种甚至更多产品同样安全时，选择性价比更高的一款。

第四，在魏文锋的心中，粉丝就是顾客，要时刻把他们的需求放在首位。为了更好地维系与顾客的关系，老爸评测出台了详细的规则。例如，如果消费者不喜欢老爸评测的商品，可以无条件退货。但是，为了保持和用户的良好关系，避免因其一次不理想的购物体验而失去这个用户，老爸评测精心设计了退换货登记卡让退货和交流更加容易(参见附录 3-3)。一位家长向老爸评测客服反馈一批儿童用台灯的灯泡显色指数有问题。经过技术团队核实，老爸评测确认该问题确实存在。于是，他们一边联系厂家，一边联系购买了同批次产品的消费者，召回了全部的灯泡，返回工厂调换。在魏文锋看来，这些家长微信群承担着电商平台的质量控制的角色。

建立标准倒逼供给侧改革

魏文锋对老爸评测的角色定位是，发现劣质产品问题，引起有关部门重视，以此推进监管的行动和标准的建立。例如，2016 年年中，许多家长要求对学校合成跑道进行检测。老爸评测团队到全国各地 14 所学校的跑道进行现场调查、取样。检测的结果显示，跑道被检测出 7 种有毒物质(如二硫化碳、二甲基呋喃、甲苯、乙苯等)超标。这一行动引起了社会的广泛关注。在浙江瑞安一所小学调查时，媒体进行了专题报道，浙江省教育厅亦派调查组去调查，学校发现问题后铲掉了问题跑道。此后，多个省市发布了塑胶跑道新标准，以规范行业现状[①]。

然而，质疑声同样存在。一位跑道的原料提供商打电话斥责魏文锋："我们轮胎颗粒显示各项化学指标都合格，你这是在瞎说!"[②]但是，正如魏文锋的分析："中国对跑道的标准

① 黄姝伦，苑苏文，周辰，等：《网红"老爸评测"与消费者维权困局》(2017 年 5 月 3 日)，财新网，https://www.myzaker.com/article/590983c61bc8e0fa78000000/，最后浏览日期：2017 年 9 月 18 日。

② 吴子茹：《魏文锋：理工男、愤青和天下无"毒"的心愿》，中国新闻周刊网，https://www.zz-news.com/com/zgxwzk/news/itemid-630058.html，最后浏览日期：2019 年 8 月 22 日。

只规定了8种化学检测项目，而厂家在生产和施工过程中可能添加和使用了远远不止这8种有毒物质。”[①]因此，虽然产品检测符合国家标准，但是也不意味着跑道是安全的。

魏文锋进一步说道：“不能苛责政府没有尽到责任。事物的发展总是螺旋式的，科技发展和技术进步让我们身边有了五花八门的产品，我们的标准只有不断更新，才能有效监督。中国人口众多，消费量非常大，不可能指望政府完成对所有产品的监管。这时候就需要行业自律、消费者提高鉴别能力以及我们这样的企业倒逼、监督和补充。”[②]

然而，在大量曝光之后，有些曾接受老爸评测检测申请的实验室，因担心会影响以后的检测业务而拒绝再接受老爸评测的检测委托。魏文锋也没少接到商家的威胁电话：“打来电话的时候，隐晦说一句‘再查下去，对谁也没有好处’。挂电话之前，还‘提醒’我‘注意安全’。”魏文锋感慨道，“好在我有强大的粉丝团支持我，他们以志愿者的身份担当着我的律师，为我提供咨询和帮助。”

为了很好地平衡与产品生产企业以及与政府相关部门的关系，老爸评测在其微信订阅号和网站上仅公布产品检测分析报告（包括检测的日期、费用、方式、化学物质含量分析、消费建议等），但对劣质产品的品牌打上马赛克。“虽然我们不公开不合格厂家，但消费者依然可以知道是哪个牌子。”魏文

---

① 黄姝伦，苑苏文，周辰，等：《网红“老爸评测”与消费者维权困局》（2017年5月3日），财新网，https://www.myzaker.com/article/590983c61bc8e0fa78000000/，最后浏览日期：2017年9月18日。

② 张维：《“老爸”魏文锋：与“毒书皮”“毒跑道”作战》（2016年9月14日），新京报，https://www.sohu.com/a/114318920_114988，最后浏览日期：2017年9月18日。

锋说，“曝光劣质品牌是政府部门的事情。”[①]2018 年 1 月，老爸评测被浙江省质量技术监督局授权成为 16 家“浙江省产品质量安全伤害信息监测点”之一。

努力扩大社会影响

当你在做一件正确的事情时，你会发现全世界的人都在帮你。

——魏文锋

看着越来越多的家长信任并支持着老爸评测，魏文锋决定将这股信任的力量传递下去。由于经常在朋友圈看到为白血病儿童筹款的信息，魏文锋想到家庭装修是儿童患白血病的重要原因。于是，为了帮助家长们准确获知家中甲醛含量是否超标，老爸评测在市场上挑选了一款采用酚试纸检测方法的便携式高精度甲醛检测仪。鉴于这款甲醛检测仪价格对于普通家庭比较昂贵，魏文锋向 487 位家长众筹了 10 万元人民币，购买了近 10 台仪器。2016 年 7 月，老爸评测在全国范围内发起了甲醛检测仪漂流活动。

在这个活动中，家中装修的家长可以排队申请、依次免费使用甲醛检测仪，不必支付押金、不必与老爸评测签订协议，只需在漂流日记本上留言。魏文锋在这个日记本的扉页写着“心若简单，世界就是童话！”他将这场活动称为“一场互联网信任传递实验”。这次活动推出后不久便得到了诸多家长的

---

① 黄姝伦，苑苏文，周辰，等：《网红“老爸评测”与消费者维权困局》(2017 年 5 月 3 日)，财新网，https：//www.myzaker.com/article/590983c61bc8e0fa78000000/，最后浏览日期：2017 年 9 月 18 日。

欢迎。随后，老爸评测又陆陆续续购置了100台检测仪在全国更多地方漂流，供更多家长使用。截至2017年1月，甲醛检测仪已漂流到全国29个省份，对6 000多个家庭、30 000多个房间进行了检测，超标率达到39%。活动期间，没有出现检测仪丢失或损坏的情况，每一位家长都十分爱护仪器，并将检测体验和检测数据留在了漂流日记上。通过这个活动，老爸评测获得粉丝数量达20多万，转化为电商平台的订单额为500万元/年，带来的毛利润为20%—30%。

除此以外，老爸评测还通过微信群和商城推出一系列的爱心活动。比如，2017年2月，老爸评测将商城里的400多件文具，以家长的名义捐给了贵州省毕节威宁县新田小学的186位学生。

老爸评测的两难选择

“发现危害物品—检测验证危害—寻找替代产品”，围绕这样的模式，老爸评测从其创立以来得到了中国社会公众的广泛关注。截至2017年底，老爸评测微信公众号的粉丝数达到50万，全网文章的阅读量超过3 150万，网络视频播放次数逾1.7亿次。2017年3月23日，老爸评测在淘宝网开了一家新店，全年淘宝收入706万。2017年间，老爸评测的网店全年销售量达47万件，营业总额达4 370万元，网店的下单用户达5万名(参见附录3-4)。截至2017年底，老爸评测有50名员工，股东会和管理层不断壮大(参见附录3-5)，所售商品的品类不断多元化，办公面积也从原来的一间办公室扩展为1 200多平方米的场地。

老爸测评的成功吸引了许多潜在投资者，良好的财务状况使魏文锋可以与投资者平等对话。鉴于他的社会使命和保持公司控制权的需要，魏文锋更倾向于向银行贷款。“如果我们拿投资机构1千万元，却有可能稀释掉10%的控制权；但是如果向银行贷款，就不会失去任何股权，有时我们还会拿到很好的利率。”魏文锋这样解释道。

成就之外，魏文锋非常清楚这家新创企业还面临许多不确定性。“我们最大的挑战便是裁判员和运动员的悖论。”魏文锋一直在两个潜在矛盾的目标间寻找着一个平衡。

一是应对劣质和潜在危害消费者的商品充斥市场的社会问题。为了实现这个目标，老爸评测应当成为一个公正、中立的“裁判员”。因此，许多高管和前期投资者建议老爸评测面向企业成立专门的检测机构。检测之后，向企业发放老爸评测的认证书。魏文锋一直担心如果老爸评测走了这条路，会背离其“应对危害消费者产品的社会问题”这一初心。再者，“我天天在打企业的脸，他们怎么可能成为我的用户？”魏文锋认为，在中国，将企业作为用户，为其检测、贴标，同时收他们的费用，是很难保持公平、公正的。

二是建立可持续的商业模式来获取利润。为了实现这个经济目标，老爸评测需要盈利运营的收入来源。虽然产品销售可以实现经济目标，魏文锋还是担心扩大产品销售会给老爸评测作为公正、中立的“裁判员”的可信性带来不良影响。一些产品供应商（尤其是那些没有得到老爸评测积极的检测报告意见的），甚至一些消费者也在质疑老爸评测的检测方法和结果的公正性。

魏文锋还在两难间不断权衡：是作为公正、中立的“裁判员”力图保护孩子和家庭的安全，还是坚持通过电商模式力图盈利以维持公司运转？无论轻视哪个目标，都可能为老爸评测坚持初心、迈向未来带来灭顶之灾。问题是，如何抉择和权衡呢？

附录 3-1 老爸评测首次众筹时给微股东的声明(节选)

各位陪伴老爸评测四个多月的朋友们：

你们好！时间过得很快，从老爸评测 8 月 25 日诞生开始，已经四个半月过去了。当我提笔开始写这个微股东众筹的通知信的时候，群里提前知道消息并在后台报名的家长已经超过了这次开放众筹的人数。这令我和团队伙伴们感动万分。

在这过去的四个月里，我们和家长群里的几百位家长从陌生到熟悉，大家互帮互助，建立了一个充满爱的微信群。除了家长群之外，我们还有检测技术群、宣传群、天南海北吃客群，甚至还有医生家长主持的老爸爱心医院群。我们检测的东西也逐渐增多，从学生的文具到日用品再到食品，凡是可能存在有毒化学危害的，我们都去检测。

这次微股东活动的起因是在 10 月的时候，有群里妈妈们起哄要存钱入股老爸评测。我一想，这样也挺好，本来我办这个平台就是给大家服务的，干脆大家一起来吧。于是就开始去操办和落实，结果拖啊拖啊，一直到现在才开始。实在是抱歉，让大家久等了。不过也挺好，年底到了，年终奖也不远了嘛。

这次微股东众筹，我们募的是智慧、人脉、资源和资金。希望能汇集大家的力量和资源，共同把老爸评测(DADDYLAB)做好，让天下更多的孩子和家庭远离危害！

老爸微股东众筹已经在今天(1 月 13 日)中午上线发布，承办这次股权众筹的平台是“聚募网 www.DreamMove.cn”，正式的线下路演活动将在本周六(1 月 16 日)下午 3 点举行。欢迎大家来参加，凡是来捧场的都有礼品相送，晚上我请客！

(本次活动感谢稻易大米支持提供礼品，当然，是被我们检测合格的。)

路演时间：1 月 16 日下午 3 点—5 点

路演地址：滨江区建业路 511 号浙大科技园 2 楼壹派客众创空间。

本次募集资金目标170万，出让的股权为8.5%。

募集资金用途：
检测费（2016计划45种产品）
宣传推广费用（线上和线下的推广）
团队运营费用（薪资和办公等）

股权众筹领投人：上海蹑景投资管理公司
股权众筹平台：聚募网 DreamMove.cn

资料来源：2016年1月13日老爸评测微信公众号文章《微股东股权众筹开始啦》。

附录 3-2 老爸评测众筹模式下公益检测的申请表

各位家长好：

目前我们已经在开展台灯的选型和评测，请大家耐心等待。我们同时在开展的评测产品还有保温杯、桌垫、文件袋、超轻黏土。此外还有许许多多的产品在排队中。但是我知道这些依然不能覆盖那么多家长的需求，所以我们做了一个表单可以方便大家提交想法。

如果您家里有不放心的产品想要检测的话，可以点这个链接提交你的想法：

微信：________

姓名：________

手机：________

我的身份：❍爸爸❍妈妈❍准爸妈

职业：________

城市：________

想要检测的产品：________

产品照片：

上传文件(需小于 500 M)：

给魏老爸的话：________

资料来源：2015 年 10 月 30 日老爸评测微信公众号文章《家长发起众筹检测》。

附录 3-3　老爸评测商城退换货登记卡

DADDYLAB THANK YOU

老爸评测 DADDYLAB

我们无法改变大环境

但我们有选择消费安全商品的权利

支持我们走下去的

不是商业利益，

而是对大家的"爱"

love, not profit,

is the key to our success

老爸商城

检测合格的商品

感恩

因为有了您的每一次购买

才支持了我们去检测

去发现生活中更多看不见的危害

DADDYLAB

退换货登记卡（填好请随商品一并寄回）

亲爱的家长：

如果您收到了产品发现有问题，别急，我们会尽力为您解决！

魏老爸和团队努力为大家提供放心安全的产品，然而批量生产和发货总会出现疏忽的地方。先向您说声抱歉！

为了避免您和我任何一方的损失，请在收到商品后尽快检查和思考以及确定您到底是要她还是不要她，如果不爱了，就请归还老爸一个完整的她。如果不能承诺永远爱她，就不要脱下她的衣裳。任何一件无法再次出售的商品都是损失，不是您扛，就是我扛。

魏老爸（亲致）

你好，魏老爸：

我于　月　日买了你家的商品______

却发现______

我希望 □退货 □换货 □维修

我的手机号码：______订单编号：______

换货产品信息：______

换货收货地址：______

署名：______

退换货说明：

1、请确保商品的完好无损（包括商品包装、吊牌、附赠品、说明书、保障卡、标签等要齐全）不影响二次销售；

2、商品需在签收后的7天内申请退换货，逾期不予受理；

3、请填写好退换货原因、顾客姓名、地址和电话，把售后卡随货一起寄回，多谢配合；

4、退货前，必须用电话或微信与我们客服及时联系。

商家地址：

联系人：郑佳（退货）　邮编：310051

联系电话：18106531217　微信：17767179091

联系地址：杭州市滨江区阡陌路459号聚光中心C2-701

资料来源：由老爸评测提供。

附录 3-4　老爸评测销售数据统计

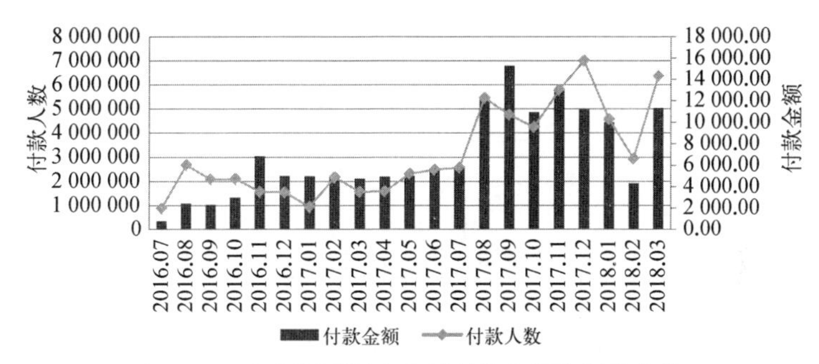

图 3-1　老爸评测网上商城付款金额和付款人数

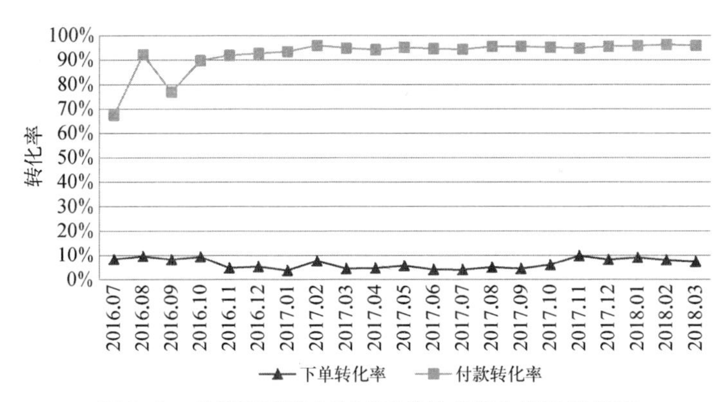

图 3-2　老爸评测网上商城下单转化率和付款转化率

资料来源：由老爸评测提供。

附录 3-5　老爸评测主要管理人员及其简介

主要管理人员	职位及职责
李炀	联合创始人，评测运营部经理 负责产品检测与自媒体运营
李华楠	电商部经理 负责电商部运营 曾在构家公司就职
乐达	联合创始人，IT 开发部经理 负责公司的软件开发及系统运行
汤敏敏	采购经理 负责采购和供应链管理

备注：魏文锋持有 90%的股权，其中代持管理团队 15%；上海蹑景投资管理合伙企业作为领投机构持有 2.5%，雷云个人持有 1%，杭州聚道投资管理合伙企业作为 110 名微股东的代持机构持有 6.5%。

资料来源：由老爸评测提供。

点评

老爸评测的“第3选择”

陆　俊*

2016年夏天，在北京的“社创之星”颁奖典礼上，作为代表第一反应®前往领奖的我，第一次偶遇了魏文锋——老爸评测创始人。魏老爸给人的第一印象充满着热情与乐观，面对挑战有着创始人独有的执着，他一边对“老爸评测”发展的故事娓娓道来，一边也将遇到的困难毫无保留的与社会创业家们分享，从各方的反馈中吸取营养，为企业发展的下一阶段谋出路。

从评测走向“网红电商”，表面上看来是一个顺理成章的选择，然而这个决定和行动背后却承载着莫大的勇气。社会企业天生自带商业属性，却往往会被“公益化”和“商业化”之间的选择束缚住了手脚，同时也是对于“初心”的考验，以及社会企业目标偏移的测试。“老爸评测”的绝地求生，选择一条“不管黑猫白猫，抓到老鼠就是好猫”的战略，是中国特色社会企业的一种创新，也是对于环境的适应。既然是社会企业，就必须能在市场化的竞争中生存、扩张和创新。

“初心”仿佛是一种看不到摸不着的东西，然而对于社会企业来说，这是融在企业文化与价值观里的对于社会价值以及影响力的考量指标。以“老爸评测”为例，四条基本原则确立了公司对于“评测发现有毒有害物质，解决消费者

---

* 第一反应®合伙人兼首席战略官。

信任问题，提供安全的产品方案"的商业模式能可持续地以解决现有社会问题为核心目标，同时发展出自我造血的组织运营能力。在这个模式中，创始人作为企业价值观的奠基和传播者，始终讲述同样的故事和理念对于业务的成功至关重要。

正如史蒂芬·柯维在他的著作《第3选择》中指出的，要解决棘手的社会问题，我们需要彻底改变思路和创新模式，不是选择"公益的"或者"商业的"，而是创造出一种新局面、新格局，超越两者的道路——用商业模式来解决社会问题，评估社会影响力对于整体社会产生的价值以及超于股东价值的"全部相关利益方价值"。

"老爸评测"的两难选择，本质来讲是新生事物在现有生态中面临的挑战，这不是一家社会企业可以独自解决的问题，需要在现有生态中，联合各家社会企业，用新生事物形成新的生态，代替原有的生态，让商业与公益都进化到下一个生态圈里。这样的生态圈中，投资人评估的是社会价值，消费者买单的是创造社会影响力的产品，企业则用新的商业模式解决现有社会问题，并且整个生态圈产出超越旧生态的价值。

这就是我们提出的"第3选择"，一种打造全新生态环境的选择，联合相关利益方共同为新生态贡献自身价值，并在各自的影响圈层内产生涟漪共振，将一个两难的问题变成新常态，这是社会企业在中国新时代中的力量。

社会企业苦于资金问题时，不妨看看老爸评测怎么做

苗　青*

尽管老爸评测这个案例的标题是“一家社会企业的两难抉择”，但在我看来，今天的老爸评测已经跨越了两难境地。不仅跨越了，老爸评测还给苦于资金问题的社会企业提供了某种程度的启示。

在案例中我们看到，老爸评测的发展可以梳理为两个典型阶段。第一阶段我将它称之为公益输出时期。这个时期是2015年老爸评测创始人魏文锋自掏腰包去实验室检测包书皮开始，一直到2016年1月的转型前。此时，老爸评测的运作经费几乎全是魏文锋凭借一腔热血，用个人的100万积蓄投入运营，实现了社会价值的创造。尽管随着粉丝从0到一万、几万的突破，魏文锋也收到一些“他助”资金——来自粉丝的打赏，但这个“他助”额度远不能支撑老爸评测的向前运营。

就在2015年底、2016年初，老爸评测举步维艰，即将关门时，因为一次模式创新，老爸评测开启了持续至今的第二阶段，即可持续自我造血时期。这个创新有两层实践意义，第一层是魏文锋敢于尝试敢于舍得的“微股东股权众筹形式”。正如案例中所示，“这次众筹为老爸评测带来新生”。据我了解，

* 浙江大学公共管理学院教授，浙大社会治理研究院首席专家。

截至今天，这次众筹是老爸评测拿到的唯一一笔“投资”，而今天的老爸评测已经在向着全年流水过亿的目标前进。这就是老爸评测的第二层创新结果——老爸商城项目的运营。

在分析此项创新意义时，我们有必要更深入地梳理下评测所解决的社会问题。我们可以把老爸评测看作商业流通领域中出现的“良币驱逐劣币”的一种新业态，与之相对且广泛存在的就是“劣币驱逐良币”的境况。这种现象源自信息不对称，这里所说的信息不对称是指当产品卖方拥有信息优势时，劣品会不可避免地驱逐良品，使市场为劣品所充斥。传统商业企业出于逐利目的，必然会制造或者利用这种信息不对称来赚取利润，致使劣币驱逐良币。

那么是否存在一种组织形式可以实现供货方与商家、商家与消费者之间的信息对称、信息共享，从而还原良币的真正价值呢？答案是存在，老爸评测正是这种组织形式，而且是一种非常创新的运营模式。老爸评测用“评测”连通了劣品监督者和良品经纪人的双重身份，其所建立的盈利模式将粉丝经济用于社会价值创造，同时，其社会价值创造模式又循环为通过推动行业生态规范，不断累积评测公信力而形成始终持续增长的“信任消费”，从而又为老爸评测的“公益行为”提供动力，最终形成的就是一个发现问题到验证问题继而解决问题的持续循环。

故我们说老爸评测通过运作模式创新实现了自我造血，是双重底线的成功实践者（双重底线，意味着社会企业既需要创造经济价值和实现自我造血，也需要完成社会使命，输出公益价值。社会企业在发展过程中应当时刻坚定双重身份，坚守双重底线），称得上是社会企业模式下的典型案例，能够对我国社会企业发展产生重要引领作用。

老爸评测的案例具有一定的复制意义，这个复制不是简单的模仿成“老妈评测”“姥姥评测”的东施效颦，而是借鉴老爸评测解决困境打造成功商业模式的复制借鉴，因此说老爸评测能给苦于资金问题的社会企业提供某种程度的启示。当今中国经济增长与社会发展不均衡问题日益突出，一方面，成功的商业企业与日俱增；另一方面，环境污染、老龄化以及教育医疗等各类社会问题却层出不穷，如何打通商业与公益之间的关系，将企业方法运用于社会问题解决，具有非常重要的现实意义。以老爸评测为例，只要现实中存在市场或政府失灵，社会企业这种推动社会发展的新形式便有生存及发展的空间，就有生命力。

4 乐平基金会：将公益创投引入中国[①]

2017年7月的第一个工作日，乐平公益基金会（以下简称“乐平”）创始人兼秘书长沈东曙早早来到办公室。摆放在办公桌上的两份报告第一时间吸引了他的注意。这是来自社会创新合作伙伴（social venture partner，SVP）上海项目经理的报告。乐平是社会创新的试验和市场创造者，其SVP项目旨在成为推动中国社会创业家成长的关键动力。SVP是一个国际创投慈善家网络，致力于帮助慈善机构、社会创业家和其他社会目的组织（social purpose organization，SPO）建设能力，扩大在其运营所在地社区的社会影响力。SVP在北京的首家中国分支机构已经迎来一个良好的开端，在运营的前两年投资了四家SPO，每家都致力于在中国农村市场提供优质的K12基础教育[②]。上海办事处首年运营即将结束，但是仍未就初始投资项目做出决定，也未确定工作重点。

沈东曙桌上的两份报告概述了SVP上海截至2017年6

---

① 本案例由中欧国际工商学院市场营销学教授白诗莉（Lydia Price）和资深案例研究员赵丽缦共同撰写。在写作过程中得到了乐平公益基金会的支持。该案例目的是用来作为课堂讨论的题材而非说明案例所述公司管理是否有效。

② K12，kindergarten through twelfth grade，是学前教育至高中教育的缩写，现在普遍被用来代指基础教育。

月的发展情况，每份报告都在他的脑海中提出了一个关键问题。第一份报告显示的是上海创始合伙人列出的SPO投资目标。按照沈东曙的标准，其中一个项目不应该投资，但他又非常理解上海合伙人这样选择的原因。他持有不同的意见或许也说明了一个问题：为了控制质量，并增加有意义的影响，SVP的投资是否应该遵循一些通用的筛选标准或绩效指标？那么，怎样的标准更有助于乐平实现其目标呢？

第二份报告是由一家顶尖商学院的MBA学生团队提交的。该团队的任务是为加快SVP上海的发展提供建议。在沈东曙看来，这些建议确实能够有效促进经济增长，但他也担心，拟议的自上而下策略会阻碍当地公民社会的有机培养，而这正是乐平的核心目标。SVP的模式能不能同时促进社会影响和公民文化的快速增长？如果不能，乐平应如何在这两个目标之间进行权衡取舍？为了梳理他在这些关键问题上的思考，沈东曙在内心回顾了乐平的发展过程，以及他将SVP引入乐平基金会整个投资组合的原因。

乐平公益基金会的起源

沈东曙做公益的兴趣始于他在北京大学读法律本科的时候。“1986年，当我还是一名大一新生的时候，我认为人需要获得内心的平静，这意味着为他人着想总是好的，”他若有所思地说，“大学毕业后，我不断尝试不同的方法来改变我们的社会。”沈东曙的第一次创业是和朋友一起创办一家科技初创公司，但是由于在业务增长方面缺乏经验和知识，十年后他们把公司卖了。这次创业为沈东曙赢得了第一桶金，并激发了他从以往错误中吸取教训并不断进步的动力。沈东曙打算进军风险投资界，风险投资当时在北京非常火，所以他设法结识了这个圈子里的人。同时，他还阅读人类学和社会学方面的书籍，追求自己的社会兴趣。这两种兴趣最终引领他走上了公益投资的道路，希望把社会变得更加美好。

2002年，沈东曙联系了中国著名经济学家茅于轼博士。茅于轼与时任亚洲开发银行驻中国代表处首席经济学家汤敏博士共同创建了北京富平职业技能培训学校（以下简称“富平”）。富平的成立是为了帮助低收入女性学习职业技能，走上自我发展的道路。首批50名学生主要来自茅于轼博士在山西省发起的小额贷款项目的受益者，但沈东曙从有关报道中获悉，该校正面临招生窘境。他自愿无偿帮助管理这所学校，以探索和检验自己对社会发展的兴趣和能力。通过与山西省扶贫办公室（向富平支付女性学生的学费）和山西省妇联（负责招募当地女性）密切合作，他最终带领富平渡过了难关[①]。截至2004年底，该校在山西省的培训受益人数达2 000人。后来，富平又扩展到另外五个省。为了应对日益增长的规模和复杂性，董事会建立起正式的治理结构，并邀请知名企业家和学者加入董事会[②]。

在专业顾问的协助下，富平建立了一个成功的非营利性社会企业商业模式，既能创收（来自学费），又能促进社会发展。该校不仅对学生进行烹饪、保洁、清洗和保姆等职业技能

---

① 黄睿颖：《沈东曙：培养中国公民慈善家》（2014年5月23日），南方人物周刊，http：//news.sohu.com/20140523/n399942264.shtml，最后浏览日期：2018年1月21日。

② 例如，联想集团创始人柳传志，中国著名经济学家吴敬琏，中国著名经济学家、北京大学管理学院前任院长张维迎。

培训，而且培养学生的人际交往素质，如服务意识和职业道德等，并帮助学生找工作和签合同。值得一提的是，富平还提供医疗救助和持续技能发展等后续服务。富平成功的一个指标是学生就业率达到98%以上。

扩大富平的影响力

为进一步扩大富平的社会影响力，沈东曙于2005年成立了富平小额贷款公司，旨在向希望创业或投资于农业升级和其他发展项目的农村家庭提供小额贷款（30 000元人民币以下）。2009年，沈东曙和同事又与日本守护大地协会合作，创立了富平创源农业科技发展有限公司和富平农民学院。随后，乐平认识到需要增加中国低收入家庭儿童的教育机会，于2011年发起了“千千树”早教项目。这四家社会企业与富平学校一起，帮助了成千上万的农村居民改善了他们的生活前景（参见附录4-1）。总之，乐平的宗旨是构建一个更加公平和文明的社会，使贫困人口能够和那些经济水平较好的人享有相同的发展机会。

尽管沈东曙看到了连续发起和培育中国社会企业的潜力，但他也深切地感受到，这个领域需要更多的思想领导。因此，在2010年创立乐平公益基金会时，他建立了两个互补性的部门，一个负责实践教育、小额贷款和有机园艺方面的社会企业，另一个负责开展社会创新研究。他解释道：“我们从一开始就为长期发展做好了准备。乐平不仅是一家社会企业，还是一个社会创新机构，我们的宗旨是以系统的方式创造社会价值。”

因此，乐平的知识创造部门——乐平社会创新研究与发展中心——希望建立跨界思想领导力。乐平社会创新研究与发展中心聘请了著名学者和青年研究者对中国慈善行业进行及时和系统的研究。在一个重要的项目中，乐平社会创新研究与发展中心研究了中国首部慈善法的影响，并受邀参加了相关的协商议程，根据公共专家和有关各方的意见对该法提出了完善和调整建议。该中心还与韩国希望制作所（hope institute）、日本基金会（Nippone foundation）以及美国斯坦福大学慈善与公民社会研究中心（center on philanthropy and civil society）合作，促进在社会创新研究方面的国际学术交流与合作。

在回顾乐平的发展历程以及在21世纪第一个十年的总体影响时，沈东曙表示："社会创业家不只授人以鱼，也不只授人以渔，而是试图改变捕鱼业或整个生态系统，确保具有捕鱼技能的人能够做得更好。"作为一名连续社会创业家，沈东曙的影响力一直在不断扩大。但是中国对社会发展的需求是如此巨大，他和乐平的所有努力无异于杯水车薪。要真正培育中国的社会发展和创新，需要大量的社会创业家以及有效的资源、技术和信息支持体系。因此，2012年底，沈东曙将国际SVP网络作为乐平的一个项目引入中国，以培育社会创新市场（参见附录4-2）。

创办SVP

乐平已经从事社会投资很长时间。我们明白，要实现规模化，我们需要三个条件：一是新技术，二是集合影响力，三是创新和创业精神。如何鼓励创业家这样做？我们需要建立一个生态系统来帮助他们。在一个伟大的生态系统中，我们将拥有一个基于规模的网络，创业家也将永远有人与他们同行。

——沈东曙

SVP于1997年在美国华盛顿州西雅图成立，到2012年已成为国际创投慈善家网络，他们投入时间、专业知识和资金，帮助基于社区的SPO扩大规模及影响[①]。该团体的早期历史和成长轨迹与乐平相似，都是从一小群技术创业家开始，他们在相对年轻的时候获得财富，并希望回报社会。SVP有趣的一点是，其合伙人网络迅速从富有的创业家扩展到其他人群，这些人都热衷于贡献技能、资源和网络，以帮助他人过上更好的生活。这种利用公民社会的集中资源谋求社会利益的可扩展模式，与沈东曙的快速培育中国社会创业家生态系统的愿景不谋而合。

SVP的社会投资方法——公益创投——被约翰·D.洛克菲勒(John D. Rockefeller)在1969年定义为“一种为冷门社会事业提供资金的冒险方法”[②]。欧洲公益创投协会(European venture philanthropy association, EVPA)[③]后来将其定义为“投资于具有社会目的的组织，为其提供财务和非财务支持，使其变得更强大”。创投慈善家通过定制融资(如赠款、债务、

① 参见其官方网站：http://www.socialventurepartners.org/。

② Dan Moskowitz：《影响力投资与公益创投》(2015年6月9日)，investopedia网，http://www.investopedia.com/articles/personal-finance/060915/impact-investing-vs-venture-philanthropy.asp，最后浏览日期：2016年10月8日。

③ 欧洲公益创投协会成立于2004年，是一个致力于在整个欧洲从事公益创投和社会投资的组织团体。

权益混合融资）、组织支持（如技能发展和结构或规程改进方面的培训或指导），以及影响力的衡量和管理这三大核心实践，支持范围广泛的SPO，包括慈善机构、非营利组织和以社会目标为本的企业，以帮助确定SPO产生社会影响的方法哪些是有效的，哪些是无效的[①]。

与只看重经济利益的投资者不同，创投慈善家追求社会效益——或作为投资的唯一目的，或作为排在财务因素之前的首要目的。社会公益投资的财务回报通常会回到用于支持社会发展的资金中。公益创投组织在社会创业家生态系统中发挥中介作用，一边从合伙人和外部投资者处筹集资金，一边将这些资金输送给需要帮助的SPO。

SVP和其他公益创投组织做出了长期承诺，在合伙人及其网络的帮助下，发展投资对象。美国的SVP合伙人做出的共同贡献是商业挑战方面的建议和咨询（如战略、媒体、技术、人力资源和企业治理），以及关于扶贫、儿童早期教育、养老或种族包容性等社会问题的专业知识。此外，SVP还是一个信息、指导和鼓励中心。

SVP国际（SVP International）认识到地方社区面临的挑战各不相同，所以让其网络内的各城市确定自己的独特目标和运营模式，以满足各自社区的发展需求。SVP的两个美国分公司清晰地体现了这种多元性。其一，SVP波特兰（SVP Portland），每十年采用一个单一个目标，以确保“持久的结构性改变”[②]。例如他

① 欧洲公益创投协会：《EVPA是什么》，http：//evpa.eu.com/about-us/about-evpa，最后浏览日期：2017年1月5日。

② 参见SVP波特兰官方网站：http：//www.socialventurepartners.org/portland/about-us/。

们的“幼儿园入学前准备(Ready for Kindergarten)”计划，不仅支持高质量的非营利组织，而且保证对由于收入、语言水平或文化障碍而在教育成功方面存在巨大差距的家庭提供政府政策支持。其二，Mission Capital(也叫 SVP Austin，SVP 奥斯汀)，推出了一个加速器计划，筛选出大量社会目标差异很大的非营利组织，以选择那些规模化潜力很大的组织[①]。他们向选中的组织提供系统的培训和指导，并指派顾问帮助他们制定有效的商业发展计划。截至 2016 年底，SVP 网络已扩展至全球 9 个国家 40 多个城市。SVP 模式聚集了全球 3 400 多个合伙人，服务了约 900 个非营利组织。

将 SVP 模式引入中国

2012 年，中国的慈善捐赠总额为 817 亿元人民币，同比下降 3.3%。中国民政部副部长将此下降归因于全球经济持续放缓、需要赈灾资金的严重自然灾害减少以及对慈善部门缺乏信心。公司捐赠占总额的一半，但是大额捐款(1 亿元人民币以上)的数量从 2011 年的 41 个下降到了 2012 年的 34 个。鉴于这些事实，越来越多的中国捐赠者开始寻求慈善创新。[②] 沈东曙评论道：“我们需要一个先进的模式来改善我们的环境。但是我们要保证它是一个好的模式。我认为 SVP 模式很棒。在美国，SVP 就像一个俱乐部，在那里可以和热

① 参见 Mission Capital 官方网站：https：//missioncapital.org/who-we-are/。

② 《〈2012 年度中国慈善捐助报告〉发布》(2013 年 9 月 22 日)，中商情报网，http：//www.askci.com/news/201309/22/22854217937.shtml，最后浏览日期：2017 年 12 月 30 日。

衷于社会公益的人交往。SVP在波特兰和奥斯汀的分支就是很好的例子。我相信，在中国它会比在美国更有效。”

沈东曙认为，SVP是一个基于社区的模式，可以使更多的平民慈善家加入社会创新实践。但他明白，这种模式对美国人来说可能比中国人更加容易，因为相对于美国积累的财富和经验，合伙人的准入门槛不算很高。沈东曙解释道：“在美国，成为SVP合伙人的主要条件是5 000美元的学费，而且合伙人不需要很专业。在大多数SVP分公司中，有些合伙人目标在于教育市场，有些是为了整合资源，还有一些为了学习这个领域。如果其中有些人想做些不同的事情，他们就会分道扬镳。例如，当SVP波特兰决定专注于学前教育这一个领域时，超过一半的合伙人都走了。”

沈东曙知道，SVP在中国的发展需要时间，初创企业寻找目标和组建团队的道路将崎岖不平。尽管如此，他仍然设定了雄心勃勃的增长目标。第一步是成立“SVP中国”作为乐平的旗舰项目，率先教育中国公众了解社会创业家精神和公益创投事业。同时，乐平和SVP国际建立了战略合伙人关系，SVP中国将在中国10个城市设立办事处，到2020年可能拥有2 000个合伙人。SVP国际的概念和品牌将被特许给当地的分支机构，这些分公司将拥有独立于乐平SVP中国项目的法律地位。SVP北京是乐平在2013年底成立的第一个办事处。它与乐平共用一个管理团队、员工和实体设施，直到它发展到需要更大的独立性和更多资源。为了学习SVP模式，乐平派遣员工到美国5个城市的SVP进行参观访问，并邀请SVP国际的创始人兰斯·福斯（Lance Fors）来北京访问乐平。

SVP 中国建立了一个统一的运营模式，在该模式下，每位合伙人每年至少投入 30 000 元人民币（约 5 000 美元），外加时间和专业知识，在 3—5 年内为选定的本地 SPO 提供支持。合伙人捐赠的资金将存入乐平的专用银行账户，仅用于为 SPO 提供财务支持，并支付 SVP 中国的部分运营成本。2017 年，合伙人为 SVP 中国提供了 25%的运营预算，25%来自乐平，其余部分来自其他个人捐赠者。SVP 中国在中国城市进行教育和交流活动，以促进对社会创业家和公益创投的认识和了解。

2013 年底至 2015 年底，SVP 北京投资了四个 SPO，重点是在中国农村地区提供优质的 K12 基础教育。歌路营是 2014 年的第一个投资对象。它成立于 2008 年，旨在为寄宿学校的贫困生提供优质教育。SVP 北京在 5 年内投资了 750 000元人民币，并帮助 SPO 在战略规划、筹资和传播、解决法律问题和信息管理方面进行能力建设。投资后，SVP 北京的合伙人与歌路营的核心管理人员一起成立了战略规划小组，以制定长期战略。该小组通过众筹和个人筹资方法，帮助歌路营筹集了 48 770 元人民币。

截至 2016 年底，SVP 北京拥有 30 多位合伙人，他们投入了 1 000 多个小时，并捐款约 200 万元人民币。这些合伙人的平均年龄为 45 岁左右，来自 13 个不同的行业，包括咨询、金融、法律、建筑和教育行业。其中约半数人具有投资背景，17%的人具有营销和传播经验，8%的人来自咨询和金融行业。沈东曙认为这是一个良好的开端，但是同时他又认为，从长远来看，更多优秀的合伙人会从中间阶层社会中涌现。

SVP上海

尽管SVP中国已经于2016年在广州、深圳、杭州和上海举办启动前活动，但是该年年底前只有一个城市准备好了启动。2016年11月，一位前SVP北京合伙人和两名新招募的合伙人成立了SVP上海。与作为乐平旗下项目运行的SVP北京和SVP中国不同，SVP上海注册为一家营利公司。在运营的第一年，SVP上海的合伙人以朋友推荐的模式招募新成员。截至2017年6月底，SVP上海共有8名合伙人（参见附录4-3），他们共捐助240 000元人民币。乐平同意在前两年内每年为SVP上海提供300 000元人民币来支付运营费用。

尽管乐平和SVP中国给了SVP上海自行探索公益创投之路的自由，但是SVP中国和北京的团队成员发现，上海的合伙人在工作6个月后仍未完成他们的第一笔投资。为了提高SVP在当地的曝光度，或许也是为了帮助上海分公司取得进展，SVP上海邀请了一个MBA学生团队专门研究可以促进上海合伙人招募并以投资战略为重的途径。这个团队经过研究后强烈建议，SVP应选择一个主题来指导第一年的招募和投资。他们认为，如果新成员不清楚SVP上海要实现的目标，就有可能不愿意伸出援手。为了验证这个观点，他们列举了SVP印度（参见附录4-4）的例子。SVP印度自2013年创办以来发展非常迅速，这些学生认为，SVP印度快速成功的原因在于它具有明确的重点，即支持创造就业岗位，这是一个需求很大的领域，SVP合伙人拥有良好的优势应对这一领域。鉴于中国的社会需求很大，加之政府对第三方干预的接受度，以及 SVP 北京和乐平的经验，这些学生建议 SVP 上海将重点放在提高各行各业的人们获得优质教育的机会上。

自成立起，SVP 上海已经跟踪了多个领域约 100 家 SPO，包括环境保护、医疗保健、教育、养老服务和文化传承等行业。采购渠道和推荐的投资对象范围广泛而多样(参见附录 4-5)。其合伙人制定的目标是在前两年内每年投资两家 SPO。因此，他们列出了第一年可以考虑的四个高潜力项目名单(参见附录 4-6)。而最终列出的四个 SPO 中有三个已被提出由合伙人自行审议。

征求沈东曙的意见

2017 年 6 月中旬，这个 MBA 学生团队将他们的研究结果和建议提交给了一位 SVP 上海合伙人和一位项目经理。然后，由这位合伙人和项目经理对主要问题进行总结，并将其与潜在投资项目名单一起提交给了沈东曙，征求他的意见。之后上海团队便在等待沈东曙的意见。

“对我来说，‘老爸评测’并不是一个非常理想的投资对象。”沈东曙想，他打算在名单上的这个名字旁边打个叉。但是他犹豫了一下，因为他意识到，让 SVP 上海的合伙人做决定可能更好。在多年的连续投资中，他已逐步学会了放手。由于中国的社会发展市场近年来已变得十分拥挤，小额贷款机构、商业风险资本和企业社会责任(coporate social responsibility, CSR)项目都在激增，甚至政府服务都有所改善。让他对 SVP 分公司独立学习和发展的智慧更加不确定的是，SVP 中国已经成立 5 周年，但远未达到在 2020 年之前设立 10 个分会的最初目标。总的来说，他认为需要有耐心找到适合 SVP 的人，然后让他们边做边学，但是 SVP 可能需要一些指引和一个明确的主题，以区别于 SPO 可能寻求的其他融资和支持机构。

这个思路将沈东曙带回了 MBA 学生团队的报告上。报告认为教育为 SVP 上海发展和深化其影响力提供了最佳机会，这对吗？教育自有其吸引力，但沈东曙注意到，在上海合伙人的名单上列出的四个 SPO 中，有三个属于医疗保健领域，这或许表明了上海主要合伙人的关注重点。或许上海可以为 SVP 和乐平创造新的机会，让其对中国整体医疗保健市场产生积极影响。他对“老爸评测”不感兴趣，但也许其他两个与健康相关的 SPO 是 SVP 上海投资的合适选择。

要解决所有这些冲突并不容易，但无论如何，沈东曙必须做出决定。

附录 4-1　乐平社会企业项目的绩效

名　称	成立年份	截至 2016 年 6 月的绩效
富平学校	2002	富平学校培训了大约 35 000 名工人，其中 90%来自农村地区。这些工人为 30 000 多名北京居民提供了专业家政服务
富平小额贷款	2005	富平小额贷款服务了山西和四川的 7 500 个农村家庭，发放贷款 16 600 笔，总额达 3.76 亿元，不良贷款率不到 3%。60%的贷款用于支持初创企业，4 000 多名员工从中受益
富平创源农业科技	2009	富平创源农业科技为 3 500 个家庭提供了健康蔬菜，30 名学生进入农民学院学习
千千树	2011	千千树已经惠及低收入家庭的 142 308 名学龄前儿童，培训了中国 5 个省 26 个县的 6 400 多名教师

资料来源：作者根据乐平公益基金会提供的信息整理。

附录 4-2　乐平公益基金会的结构

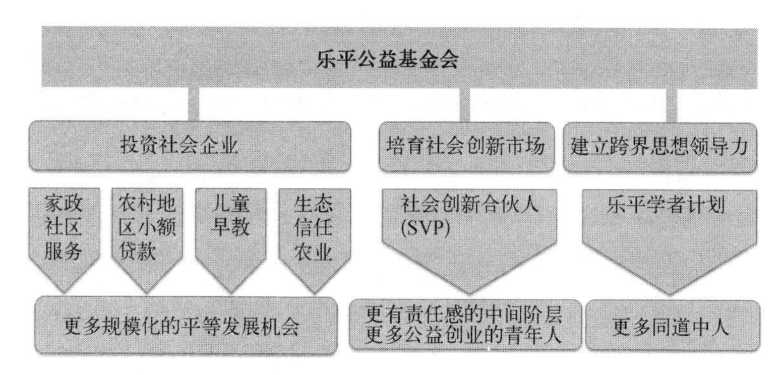

资料来源：由乐平公益基金会提供。

附录 4-3　SVP 上海的创始合伙人(截至 2017 年 6 月 30 日)

姓名	个　人　介　绍
林蕊	林蕊拥有沃顿商学院 MBA 学位，是富达亚洲风险投资公司(FGPA)的合伙人，专注于医疗行业的投资。她在风险投资(重点是信息技术和医疗保健)和管理咨询(面向银行、电信和消费品行业的客户)方面拥有 9 年以上经验。林蕊还曾在安达信会计师事务所担任审计师，领导包括 IPO 和 IAS 审计在内的各种业务。在调到上海并在当地创办分公司之前，林蕊是 SVP 北京的合伙人
楼亭	楼亭在风险投资、战略和业务拓展方面拥有丰富的经验和专业知识。他与别人共同创立了一家筛查宫颈癌并提供相关服务的公司。他还曾担任美国医疗技术公司 HOLOGICS 的副总裁。此外，楼亭与慈善机构和其他组织合作，成功地将中国宫颈癌筛查服务商业化，并参与低收入地区的妇女健康教育。楼亭持有美国克拉克大学 MBA 学位
邵捷	邵捷曾在英国总领事馆文化教育处工作，主要负责项目运营管理和文化教育项目的营销策略，先后在上海和伦敦工作。在加入英国领事馆之前，邵捷曾担任过营销经理。她持有英国赫尔大学 MBA 学位
王毅	作为一名律师，王毅在私募股权和风险投资、IPO 和并购领域拥有 14 年工作经验。他的主要专长包括上市公司的重组、债券发行、IPO 和并购，以及私募股权的融资和投资。王毅连续 14 年被《钱伯斯亚太法律指南》评为“领先律师”。2014 年，王毅被《亚洲法律事务》杂志评为“中国十五佳律师新星”
张曼华	作为奥美公关部(大陆和香港地区)总裁，张曼华专长于企业传播、市场营销和危机管理。她曾为奢侈品、食品、旅游和零售等行业提供企业战略、品牌建设和危机管理等方面的咨询服务

（续表）

姓名	个 人 介 绍
朱翼	作为芝麻街工作室中国区总经理，朱翼领导了该国际品牌在中国的本地化。她在媒体传播、知识产权管理、品牌建设和业务拓展方面拥有丰富的经验。她还曾在麦肯锡香港公司和高盛香港公司工作。朱翼持有哈佛商学院 MBA 学位
叶青	叶青拥有 20 多年的咨询经验。她曾为波士顿咨询公司和宝洁公司工作，后来创办了自己的咨询公司，提供战略规划、市场进入、营销和产品规划等服务。同时，她的公司还帮助中小型企业制定发展战略。叶青持有美国维克森林大学 MBA 学位
盛吉安	盛吉安在多个行业拥有 10 多年的人力资源管理经验，如信息技术、金融、高科技和咨询服务等。他曾在花旗银行、通用电气和斯卡拉软件等多家世界 500 强公司任职。盛吉安是普华永道（中国和香港地区）的人力资源总监

资料来源：作者根据 SVP 上海提供的信息整理。

附录 4-4　SVP 印度截至 2017 年中的任务和业绩

任务说明：2020年之前创造1百万个工作岗位和1 000个慈善家

5亿美元
投资额

150 000+
生命受到影响

17 000+
小时的定期志愿
服务

18个
合作投资对象

7个
印度分会

163位
印度合伙人

资料来源：作者根据 SVP 印度提供的信息整理。

附录 4-5 SVP 上海跟踪的 SPO 项目

表 4-1 潜在投资对象的渠道

渠 道	总数	潜在项目数量	高潜力项目数量
中国加速	36	2	1
英国文化协会	29	9	3
SVP 同事的建议	13	7	5
南都公益基金会	16	1	0
中国宋庆龄基金会	13	0	0
总计	107	19	9

注：SVP 上海还研究了银杏基金会、艾社康健康咨询、创行、星展亚洲社会企业挑战赛等渠道，但截至 2017 年 6 月，他们没有发现这些渠道有任何潜在项目。

表 4-2　潜在投资对象的领域

领　域	潜在项目数量	百分比（%）	高潜力项目数量	百分比（%）
环境保护	5	21.74	2	22.22
公共卫生	4	17.39	2	22.22
残障人士	3	13.04	0	0
教　育	5	21.74	3	33.33
养　老	3	13.04	1	11.11
文化传承	3	13.04	1	11.11
总　计	23	100	9	100

资料来源：作者根据 SVP 上海提供的信息整理。

附录 4-6 SVP 上海的投资对象名单

名称	行业	地点	成立年份	简述	成立团队
老爸评测	健康	杭州	2015	通过众筹成立的老爸评测主要是对儿童文具和家庭用品进行测试，以确保它们不会造成健康风险。该实验室开发了一种有害化学物质检测器，免费向市民发放。为了获得运营资金，它也在网上销售产品。这些产品均已通过该实验室的健康测试。由于老爸评测可以营利来支持其测试活动，而创始人魏文锋关心的是保持对企业的控制权，所以老爸评测并不急于从投资者那里筹集资金	创始人魏文锋在测试行业有 10 多年经验，在创办老爸评测之前还创办过一家测试咨询公司。其他高管人员包括两名检测专家、一名采购经理和一名新媒体经理
醒来	教育	上海	2013 年筹备，2016 年正式开店	醒来致力于生命自然发展方面的教育，它设计了一个充满艺术感的高科技体验中心，让人们体验从出生到死亡、再到重生的过程。体验按小组在受控的实验室环境中进行，门票为每人 444 元人民币。小组成员互不认识时效果最好。该公司没有分享任何关于其投资的信息，该中心的开发商似乎并不热衷于外部支持	醒来是上海手牵手生命关爱发展中心的一个营利性商业部门，上海手牵手生命关爱发展中心是一个为临终患者提供关爱的非营利组织。手牵手成立于 2008 年，当时，创始人王莹女士和黄卫平先生刚刚为经历了四川汶川大地震的人们提供心理援助后返回。手牵手

（续表）

名称	行业	地点	成立年份	简述	成立团队
醒来	教育	上海	2013年筹备，2016年正式开店		的使命是提高临终患者的生活质量，提高接受死亡的能力，并促进临终关怀的发展。由于死亡在中国历来是一个禁忌话题，而且中国的医疗保健行业尚处于早期发展阶段，手牵手在建议政府决策者和医院改善临终服务方面发挥了重要作用
第一反应	医疗保健	上海	2012	第一反应是一个教育和培训平台，旨在提供急救护理方面的专业知识和技能，并提高公众的急救知识。该团体具有应对心脏骤停的专业知识，他们已在大型体育赛事和企业培训活动中推广这种专业知识。其主要收益来源有：(1) 长跑比赛的组织者(如马拉松)；(2) 为工业园区、校园、工厂等提供解决方案而获得的服务费；(3) 关于急救知识和技能的课程。第一反应是中国公益慈善项目交流展示会认可的七家社会企业之一，也是第一家被认证为公益企业的中国社会企业。2015 年，第一反应获得了腾讯1 500 万元以及鱼跃 1 000 万元人民币的投资	第一反应有 14 个合伙人，其中 5 个持有 MBA 学位，3 个拥有丰富的医疗保健和心理咨询经验。第一反应的创始人兼首席执行官陆乐在从事电子商务、互联网和智能传感器网络之前，已经创办了 3 家初创公司

（续表）

名称	行业	地点	成立年份	简述	成立团队
一米市集	公共卫生	上海	2015	一米市集是一个在线农产品市场，主要是帮助农民将他们的农产品推向市场，并帮助中国消费者获取有机食品。一米市集创立的初衷是改变中国的饮食文化生态，并缩短农民和消费者之间的距离。作为一个从农场到餐桌的电子商务平台，一米市集提高了农业供应链的透明度，也为餐桌带来了环保食品。一米市集于 2015 年获得了烟台欣和的战略投资	一米市集共有 6 名联合创始人。主要创始人是何瑞怡女士，她是可持续食品系统的连续创业家和投资者。除了推出一米市集，何女士还创立了中国第一家食品科技加速器和风险投资公司 Bits×Bites。何女士拥有芝加哥大学硕士学位，曾在奥美、联合利华、波士顿咨询公司和 IDEO 工作。她还曾是格理集团的社会影响研究员。其他 5 位联合创始人是何女士的朋友和前同事

注：老爸评测、醒来和一米市集是由 SVP 上海的合伙人推荐的，第一反应来自中国加速和其他公共来源。
资料来源：作者根据 SVP 上海提供的信息整理。

点评

颠覆式社会创新的理念与方法

于晓宇*　陈颖颖**

沈东曙作为社会企业家有三个非常显著的特点。

第一，他是一个典型的连环创业者，有丰富的创业经验。在加入茅于轼博士和汤敏博士创建的富平学校之前，沈东曙已经积累了一定的创业经验。他加盟富平学校之后，富平不仅成功克服了招生困境，而且拓展到了其他五个省域。为了扩大社会影响力，他不断探索一些新的社会创新机会，接连发起了四个项目，包括千千树早教项目、富平创源农业科技、富平小额贷款等等。连环创业经历为沈东曙发现机会、评估机会以及开发机会提供了宝贵的经验和技能。此外，连环创业经历也触动沈东曙能深度思考在中国社会创新的有利条件和关键瓶颈。

沈东曙拥有悲天悯人的情怀，这一点非常难得，对于社会企业家也尤为珍贵。创业总是在短暂成功和永恒失败的循环中震荡徘徊，有形和无形奖赏的激励作用终将在这些循环中消磨殆尽。创业者通常向最初的动力源寻求继续前行的力量。沈东曙从大学开始就关注社会公益，对解决社会问题，推动社会发展有着极高的热情，这种情怀使他历尽千帆，仍能从

* 上海大学战略研究院副院长、上海大学创新创业研究中心主任，教授、博士生导师。

** 上海财经大学商学院博士研究生，上海大学创新创业研究中心成员。

初心汲取能量，以少年之心面对挑战。

也正是因为这种悲天悯人的情怀，推动社会发展的愿景，使他在设计、采纳社会创新的商业模式时会以长期为导向，更加务实，更加实事求是、因地制宜。例如沈东曙引入 SVP 模式来培育中国社会企业家生态系统。同时，他也非常有远见地提出未来中国优秀的 SVP 合伙人将从社会的中间阶层中涌现。

沈东曙引入 SVP 对于中国社会企业而言是一项颠覆式的社会创新。本案例充分体现了颠覆式社会创新的三个特点。

第一，社会创新与商业创新并没有任何本质不同。成功的创新必须聚焦客户或社会需求，并以更高效、更廉价、更绿色的方式满足客户的需求。因此无论是商业企业，还是社会企业，利润、影响力等业绩指标都是满足客户需求、创造价值的结果，而非目的本身。从这个角度看，将 SVP 模式引入中国社会创新市场是一个比较恰当的战略。每个地域亟待解决的社会问题各不相同，社会创新项目的选择应该充分考虑地域的具体需求，并根据社会目标或社会需求的重要程度和急迫程度作出决策。

第二，社会创新要兼顾既有资源和最大优势。SVP 上海列出的四个高潜力项目名单有三个属于医疗保健领域。尽管这未必意味着上海在医疗方面具有更大的社会需求，但却暗示 SVP 上海的合伙人可能在医疗行业具有更多的资源或是对医疗行业更加熟悉，因此更倾向在这个领域进行投入。社会企业实施创新的过程中，不仅要结合本地社会发展的个性化需求，同时还应考察每个地区是否具备开发更高质量社会创新项目的经验和资源。在这个方面，沈东曙表现得非常出色，尽管他并不喜欢老爸测评这个项目，但他仍打算将决策权交给SVP上海的合伙人，让他们来判断优先投资哪些项目。成熟的企业家应该深谙这个道理，挑毛病，很容易，但挑毛病，并不解决问题，真正解决问题应该充分利用好既有资源和优势。

第三，SVP模式对于中国既有社会事业格局而言是一项颠覆式创新，需要方法，需要耐心。当前，中国社会事业的格局是富人或者大企业参与慈善事业，而SVP是一个基于社区的模式，目的是让更多的平民慈善家参与社会创新实践。作为一种颠覆式的创新，SVP模式存在诸多风险。第一个风险是在较长的时期内，SVP只能聚焦于很小的市场。除了足够的耐心，社会企业家需要尽快通过一些小项目打开市场缺口，让SVP逐渐被主流市场、用户以及更多平民慈善人士所采纳，进而建立其合法性，并降低SVP模式的实施成本。第二个风险是来自其他替代性项目和产品的压力。那些已经比较普及的社会事业项目，例如小额贷款、企业社会责任项目仍在激增。在中国整个慈善市场并没有快速成长的情况下，SVP不得不与各类竞争性产品抢蛋糕。让SVP模式长得像既有社会事业项目，或让SVP与其他竞品形成合作，可能是破解合法性困境的一个思路。

尽管我们很难预测SVP模式最终是否能够在中国取得成功，但沈东曙丰富的连环创业经验，对于社会事业的忘我情怀，以及长期导向的战略部署，令我们对SVP模式持有比较乐观的态度。需要注意的是，实施颠覆式创新的过程中，社会企业和社会企业家都要充分认识到潜在的风险。颠覆式社会创新需要有更加明确的战略，并且充分发挥本地合伙人的积极性和有利条件，结合对本地市场和需求的洞察和理解，以更低的试错成本，让社会创新项目和本地的社会需求实现充分的融合，并推动社会的发展。

5 五彩鹿(北京)教育咨询有限公司：转型风波，上下求索[①]

(A) 转 型 风 波

“叮铃铃……”2016年8月的一个深夜，五彩鹿(北京)教育咨询有限责任公司(以下简称“五彩鹿”)的创始人孙梦麟被一阵急促的电话铃声吵醒，来电者是多年好友兼同事付老师。相识将近30年，孙梦麟很少听到付老师如此焦虑的声音，这让她一下睡意全无。“梦麟，照现在这个搞法，家长领着孩子都到教室门口了，我们却还因为要计算‘开班成本’而不能收下孩子！我也不清楚哪里不对，但就是感觉五彩鹿正在一天天被消耗流失。梦麟，这是错的啊！”

挂掉电话，孙梦麟再也睡不着，索性起来坐到了书桌前。自从2015年10月获得某投资公司的A轮融资，资本方聘请了新管理团队，孙梦麟已经基本退出了日常管理。她本以为

① 本案例由中欧国际工商学院管理学实践教授陈少晦、案例研究员皮鑫共同撰写。在写作过程中得到了五彩鹿(北京)教育咨询有限责任公司的支持，并参考了现有公开信息及企业授权资料。该案例目的是用来作为课堂讨论的题材而非说明案例所述公司管理是否有效。

自己辛苦操劳了十多年，如今总算可以喘一口气了，压根没想到最近这段时间，五彩鹿的老员工会越发频繁地给她打电话，内容大多是对新政策的抱怨和担忧。由于已经明确表示要"放权"，她始终克制着自己不要太多介入。但今晚连一向沉稳的付老师都一反常态，孙梦麟终于意识到五彩鹿正在经历剧烈的转型阵痛。她还能以"全部授权"的名义置身事外吗？

不忘初心，方得始终。孙梦麟打开电脑里日期最早的文件夹，思绪不禁飘回了12年前那段日子……

创业十二载

创立五彩鹿之前，孙梦麟的生活温馨安逸。她早年受过良好的教育，在北京大学进修法律，之后随丈夫远赴海外，度过了十余年相夫教子的家庭主妇生活。2000年回国之后，儿子鼓励她重新找回自己的社会角色，她开始去医院、孤儿院等机构做志愿者。在一次偶然的聚会上，孙梦麟第一次接触到了自闭症儿童。看起来漂亮可爱的孩子，却面无表情，对任何呼唤都没有反应，将自己与外界完全隔离。孙梦麟被这一幕深深刺痛，当她进一步了解到医院对这种儿童期发育障碍除了诊断别无他法，她更加无法坐视不管。随后她结识了北京大学第六医院的自闭症专家杨晓玲教授，杨教授认定有爱心、有能力、有资金、有精力的孙梦麟是开设自闭症治疗机构的最佳人选，这让孙梦麟找到了一种被需要的感觉。在多方努力之下，2004年，五彩鹿正式成立，旨在为广泛性发育障碍(包括自闭症和其他发育障碍)以及有各种行为问题的儿童及其照护者提供教育与培训。

创业之初，道路困难且艰辛，五彩鹿只有1间教室、4个学生、7位老师。硬件设施与科学技术是两大瓶颈，但她坚持绝不能降低标准。在寻找办学场地时，孙梦麟严格控制预算，既要能租得起，又要符合她心中理想学校的标准。为此她跑遍全北京的工厂、仓库甚至是监狱，创立之初的五彩鹿几经搬迁，最终落脚在顺义一所废弃小学。孙梦麟做事非常有魄力，她看中了这块30亩(2万平方米)的地，就大手一挥直接租了20年。

研究表明，尽早进行科学干预，自闭症患儿的病理状态和预后情况可以得到有效改善。孙梦麟深为认同对自闭症儿童的救治不能仅靠爱心，因此她把主要的资金都投入寻找专家和技术上。2005年，孙梦麟在一次学术会议上遇到了以色列行为分析专家艾德博士和美国纽约皇后学院的王培实教授，两位都是自闭症康复训练方面的资深专家。他们被孙梦麟的执著所打动，也看重中国自闭症群体的研究样本与数据，决定投身这家毫无基础的"创业公司"。孙梦麟高薪聘请艾德博士担任五彩鹿的技术总监，他为五彩鹿引入了国际领先的应用行为分析和矫正理论(applied behavior analysis, ABA)，并根据中国儿童和教师的实际情况进行改良，开发了最早的自闭症康复教学管理系统。美国纽约皇后学院的王培实教授直接将五彩鹿作为实习基地，每年把学生带过来，做科研、收数据，把美国的教学模式复制到五彩鹿，用十多年时间建立了适用于中国国情的教师培训体系、家长培训体系、教学体系、质量把控体系。

自1943年美国首次报道自闭症临床个案开始，70多年间，美国的自闭症发生率由"罕见"一路攀升到了惊人的1/45。而在我国，根据现有调查进行最保守估计，中国自闭症的发病率正以每年17%的速度递增，2017年约为1%[①]。五彩鹿所面对的是一个国际性的难题和庞大的亟待救助的群体，甫一成立，前来报名的家长就络绎不绝。来自全国各地的家长带着孩子，背井离乡到北京五彩鹿，其中的艰辛苦楚难以诉说。数年之间，五彩鹿又相继成立了安贞校区和高碑店校区(前身为天通苑校区，2014年整体搬迁至高碑店)，截至2016年底，室内训练场地达到5 000平方米，室外活动场地15 000平方米，拥有教师88名，累计干预自闭症儿童近6 000人(参见附录5-1)。

成长的烦恼

现实与梦想

中国自闭症行业的发展落后西方40余年，五彩鹿刚创立之时，全中国的书架上连一本像样的介绍自闭症的书都找不到，反而是一些早被国际主流研究淘汰的信息大行其道，甚至一些虚假的伪科学方法也令家长们趋之若鹜，比如过量运动、扎针、灌药等等，无良机构和愚昧方法不胜枚举。孙梦麟无比痛心，更加坚定了走“科学干预”道路的信念，她希望过去几十年中国家长走过的弯路，新的家长不要再走。为此，她不仅要引进西方的信息、专家、技术，更要将其本土化，形成适合我国国情的救助、干预支持体系。然而，截至2017年，国内还没有一所大专院校可以输送符合资格的专业干预教师，五彩鹿只

① 五彩鹿自闭症研究院：《中国自闭症教育康复行业发展状况报告(Ⅱ)》，华夏出版社，2017年，第18页。

能依靠自己探索、严格把关来保证专业技术水平。

市场扩容

2017年，我国少有超过1 000万的自闭症个体，其中0—14岁少年儿童的数量约为200万。根据我国新生儿的出生率计算，每年还将新增自闭症儿童数量超过16万[①]。随着对自闭症认识的不断提高，越来越多的患儿家庭意识到需要寻求早期干预。据统计，2011—2015年，接受康复训练和服务的儿童数量增长了3倍，消费支出增长约3.5倍[②]。与此同时，自2006年自闭症被正式列入精神残疾以来，国家和地方便出台了针对性的补贴政策。“十二五”期间，中国残疾人联合会共计投入经费4.32亿元，连续实施“贫困孤独症儿童康复项目”[③]。符合条件的自闭症儿童，将享受由中央财政提供的26 000元/年的康复训练补贴。各地地方政府大多也都有配套的补助政策。有分析认为，预计到2027年，中国自闭症教育市场规模将达到800亿元[④]。仅靠公办机构显然无法满足如此庞大的市场需求，借鉴美国“政府全程买单，康复机构具体执行”的模式，中国的自闭症康复市场商业化也势在必

---

① 五彩鹿自闭症研究院：《中国自闭症教育康复行业发展状况报告(Ⅱ)》，华夏出版社，2017年，第18页。

② 朱萍：《美国医院掘金中国儿童康复市场》(2017年4月14日)，新浪网，http://finance.sina.com.cn/roll/2017-04-14/doc-ifyeimzx6247167.shtml，最后浏览日期：2017年11月10日。

③ 张希敏：《中国残联：近4万孤独症儿童接受康复救助》(2016年4月4日)，中国日报，http://www.chinadaily.com.cn/interface/zaker/1142841/2016-04-04/cd_24270080.html，最后浏览日期：2017年11月30日。

④ 付亚章：《自闭症高达1%发病率，千亿康复市场谁来挖掘?》(2017年6月9日)，搜狐网，http://www.sohu.com/a/147325756_545428，最后浏览日期：2017年6月9日。

行，且大有可为。

良好的市场前景吸引了众多机构关注的目光，五彩鹿的竞争对手们各展招数，有的来挖五彩鹿的人才，有的资本雄厚或进行模式创新，整体形势不容乐观。2010 年，当时的安贞校区有 20 余名教师，在竞标北京市残联的一个项目时，包括校长在内的 8 人骨干团队在一两个月之内被竞争对手悉数挖走，给五彩鹿造成沉重打击。2015 年 5 月，北京一家儿童发展中心开业，这是某大型上市集团和权威医院战略合作的产物，背靠雄厚资本与师资，计划几年内在全国一线城市开设 30 家自闭症儿童发展中心，形成规模化经营。2016 年，深圳一家成立两年的自闭症线上康复平台开办了第一个线下康复培训中心，拓展原本只在线上销售自闭症科普课程的模式，线上线下相结合，实现用户导流。这些“来势汹汹”的竞争对手让孙梦麟感到，尽管“蛋糕”大得诱人，却也没那么容易吃到，兴奋之余更多的是忧心。

外部资源

作为我国最早一批开办的自闭症康复机构，五彩鹿在十多年间积淀了丰厚的外部资源，与政府、医院、高校、其他社会组织等多方都有密切的联系。在政府扶持方面，五彩鹿享受税收优惠政策、不定期扶持金等。2008 年，五彩鹿被北京市残联、北京市教委、北京市财政局、北京市卫生局联合指定为北京市残疾儿童康复救助定点机构。特别是北京朝阳区残联大力支持，以优惠的价格提供给五彩鹿 1 000 平方米的训练场地。由于目前我国的社会福利保障体系采用专项费用补贴的支持方式，这笔费用是直接划转至康复机构的，因此康复市场存在一定的定点机构垄断现象。例如，享受中国残疾人联合会彩票公益金项目资助：在五彩鹿接受干预的儿童，每年享有12 000元的补贴，五彩鹿可以凭收款发票直接与残联结算。

五彩鹿一直与北京大学第一医院、北京儿童医院等保持良好的合作关系，并且还与国内外高校合作开展教研项目，先后与北京师范大学特殊教育研究中心、中国台湾树德科技大学、美国纽约皇后学院等签订合作协议，缔结伙伴关系，致力于信息、技术和教师的交流。孙梦麟创办五彩鹿的初衷不是为了赚钱，这些资源大多停留在科教合作和必要的政府关系层面。随着五彩鹿日益壮大，她隐隐感到手中握着一把好牌，也到了该出牌的时候了。但五彩鹿缺少帮她运筹帷幄的专业人才，迟迟无法将资源转化为商业竞争优势。

内部管理

实际上，五彩鹿的人才瓶颈并不是缺一两个职业经理人这么简单，而是一个根源于五彩鹿人员组成与特质的系统性问题。五彩鹿的员工从来源上大致可以分为两类：一类是特殊教育行业出身，有高校特教专业教育背景或在特教行业从业多年；另一类是从其他教育领域"转行"过来，大多有在高中、职高等机构的执教经验。除此之外，几乎没有员工具有企业工作经验。招聘时，孙梦麟最看重的特质是"善良"，员工们不是把五彩鹿视为养家糊口的来源，而是一份值得为之奉献的事业。

面对这样的团队，十多年来孙梦麟一直采用亲情化管理方式。她十分关心员工的个人福利，创业初期经济条件紧张，她仍然尽量改善老师们的生活条件，给员工购买社会保险，自己花钱支持老师参加培训和学习，甚至派送优秀老师前往美国学习两年。五彩鹿的管理制度一直比较松散，没有严格的考核与激励措施。在模糊的组织架构与职责分工之下，每个员工的工作安排基本都是孙梦麟一个人说了算。越是老员工越习惯这样的工作方式，较晚加入的新员工曾表达过惊讶："五彩鹿更像是一个家族企业。你要求一名老员工做某件事情，他会立刻说，这件事你要问主任(作者注：即孙梦麟)，主任让我做，我就做。小到打印报销、购买纯净水票这种事，都要主任审批通过才能执行。"

创业早期团队只有几个人，孙梦麟还没有觉察出问题。但当五彩鹿的员工规模扩大到 100 多人，她渐渐感到难以承受的压力与疲惫。"内外夹击"之下，她苦思出路却毫无头绪，焦虑感日渐浓烈。

资本的青睐

就在孙梦麟越来越强烈意识到五彩鹿必须转变发展模式时，2015 年，她遇到了某投资公司副总裁。他参与过多个生物医药领域的投资项目，在这一领域的管理咨询经验丰富。他给孙梦麟做行业分析，系统地讲述如何施行规范化管理和制定发展战略。这套东西正是彼时的孙梦麟最需要的，她觉得每句话都说到了自己心坎里。孙梦麟与这位投资人代表一拍即合，即便当时投资公司对五彩鹿的估值很低，但她依然决定接受投资公司的资金，并允许资本方介入内部管理，条件只有一个：投资人代表所描绘的那些美好前景必须在五彩鹿切实落地。

2015 年 10 月，该投资公司团队正式入主五彩鹿；12 月，五彩鹿获得数百万的 A 轮融资。这一新变化让孙梦麟和所有员工看到了一个新方向，五彩鹿是他们悉心呵护了 10 年的孩子，如今将之捧到新团队手中，人人充满期待。

资本方入驻之后做的第一件事就是为五彩鹿指派了一名 CEO，她曾在 IBM 担任了 9 年的市场部经理，由她牵头为五彩鹿组建了背景强大的管理团队：人力资源总监是原英孚教育的人力总监，行政总监是原剑桥国际英语的行政经理，财务总监曾任保险公司财务经理。

在孙梦麟眼中，这个团队简直堪称管理"梦之队"。她深感使命完成，松了一口气，另外也考虑到不想干扰新团队的管理，因此迅速进行了权力交接。2016 年 3 月的新学期开学会议上，孙梦麟宣布所有决策权、签字权都交给新任 CEO，自己退出日常管理。于是，CEO 的新团队就在毫无过渡的情况下直接到岗，新的冲击由此开始。

痛，并不快乐

在这个闷热的 8 月夜晚，种种回忆让孙梦麟难以遏制翻涌的内心，她实在没想到，短短几个月的时间，五彩鹿的情况会急转直下，经营状况跌入谷底，员工士气也严重受挫。她深呼吸了几下，让自己重回平静，开始思考新团队的问题究竟出在哪里。

制度的猛药：全面改革

新管理团队首先对五彩鹿的组织架构进行了大刀阔斧的

改革，成立专门的行政部门和市场部门，加强五彩鹿的资源整合与对外宣传(参见附录5-2)。在这之前，五彩鹿一直只是靠家长之间的口口相传来营造口碑，而新战略提出“线上+线下”的品牌推广计划，五彩鹿第一次有了“走出去”的理念。在具体工作内容上，新团队明确了各部门职责，要求员工自行制定工作计划。工作指标细化到个人，每个员工都感受到一种新鲜的紧张感。

更大的变化在于新推出的教师评级制度。该制度对所有教师打分考核，根据考核结果划分为初级(包含初1级、初2级、初3级)、中级(中1级、中2级、中3级)和管理级教师，同时制定了各级之间的晋升条件(参见附录5-3)。教师级别与增强课课时费挂钩：L1级(初1、初2级教师)是180元/节，L2级(初3、中1级教师)是260元/节，L3级(中2以上教师)是360元/节。尽管新管理团队声称评级过程客观公正，只看能力，但实际操作时基本是教师主管依据主观印象打分。再加上此次评级不与任职年限挂钩，因此出现了3年的老教师和1年的新教师同时被评为初级的结果。一些老教师认为结果有失公平，难免牢骚满腹。

新的绩效考核体系和薪酬体系也紧随其后出台。2006—2016年，五彩鹿的教师工资主要由三部分组成：岗位工资+课时费+绩效工资。其中绩效工资的考核指标又包含三方面：教学质量(40%)+家长评价(30%)+工作合规性(30%)。新的薪酬体系被进一步简化，教师的薪酬只包含基本工资+课时费，新设立的行政、市场等职能部门的员工直接发固定工资。如此一来，绩效和薪酬的计算变得很简单，教师的收入差距只取决于级别高低(决定单价)和上课多少(决定数量)，职能部门员工则毫无薪酬激励的概念。五彩鹿扩张速度很快，亟须经验丰富的老教师承担起培养新人、管理教学事务、校区事务等职责。这部分工作被列入了更高级别教师的工作内容之内，但因为难以量化，因此并不在绩效考核体系中，也不与工资挂钩。结果这套体系对初 1、初 2 级教师激励效果最好，甚至出现了大家不愿意晋升更高级别，只想多上课、少管事的局面。

花钱的苦恼：慷慨解囊

融资到位之后，新管理团队在花钱上的“大手大脚”让习惯了精打细算的老员工频频咋舌。为了满足融资洽谈的需要，新团队在市中心一栋写字楼中租下一块 200 平方米的场地，租金为 50 万元/年，又花重金修缮美化。然而真正长期在此办公的只有 5 个人。相比之下，1 000 平方米的高碑店校区是朝阳区残联优惠提供的场地，室内 3 500 平方米加室外 30 亩地的顺义校区的租金也不过 30 万元/年。

新管理团队还认为安贞校区过于老旧，又花费 90 多万元进行了装修改造。然而装修完成后不到一个月，相继出现墙皮脱落、甲醛超标、下水管道堵塞、房屋漏水、地胶翘起等危及幼儿安全的问题。后续五彩鹿不得不二次花费巨额维修费用，而且施工导致学校超期停课，严重影响了正常教学。

实际上，增幅最大的支出项目还不是房租和装修费，而是工资。五彩鹿是一个带有公益性质的组织，融资之前绝大部分经费来源于学费。在孙梦麟的坚持下，五彩鹿有 8 年没有涨学费(参见附录 5-4)。与此同时，孙梦麟保持每一两年给教师涨一次工资，但即便如此，整体而言五彩鹿教师的薪资水平在行业中没有太大竞争优势，人员流失较为严重。因此，当新管理团队在2016年6月公布薪资上涨幅度，所有人都被吓了一跳：教师薪资涨幅达到40%—50%，并且由于课时费大幅上涨，上课越多的教师薪资增长越多，最高的甚至可以翻倍；行政人员涨幅也达到了30%。调整之后教师的月工资能达到8 000元、9 000元甚至上万元，最夸张的如一名网络管理员，月工资从原来的4 000元变成了11 000元。

刚听到这一制度，教师们大多喜出望外，人才流失的情况确实明显改善。但好景不长，员工中间很快就出现了许多抱怨的声音，细究原因主要有三个方面。第一，准备不足。新制度缺乏前期调研，颁布之前，人事主管既没有进行细致讲解，也没有进行意见征集，而是让教学总监负责传达，并且从下月起立即执行。结果在发放了第一个月工资后，老师们不理解为什么有如此大的差异，存在很大意见，资本方团队又重新调整制度，引发了本可以避免的混乱。第二，工资倒挂。尽管一线员工涨幅很大，然而月薪最高也不过万余元。但“空降”的CEO、人力资源总监和财务总监的工资都是年薪30万。与之形成鲜明对比的是，涨工资之前，整个五彩鹿工资最高的孙梦麟和付老师月薪不过8 000元。巨大的薪资差异和倒挂现象引发了老员工强烈的不满。第三，成本失控。新制度出台之前没有进行过成本预估，而且30%—50%的涨幅是一步到位的，直接导致五彩鹿的运营成本急剧飙升，一些常年接触财务数据的老员工担心五彩鹿会很快入不敷出。

伤心的成本核算制度

果不其然，几项重要决策施行之后，五彩鹿每月支出大幅上涨。新管理团队眼看预算开始失控，决定通过引入市场机制来控制成本，于是在8月初推出了一个排课开班的“成本核算”体系，每个孩子入园之前，都要根据其选择的课程、缴纳的学费、配备的师资来计算利润率，只有利润率为正，才允许接收这名孩子入园。当时，推进这一制度的责任主要落在几位分校校长身上，新管理团队把校长们叫到总校开会，财务总监讲解了这套体系的基本计算规则：“这套体系主要就是计算成本、收益，再据此得出利润率。”

“每个孩子的学费除以课程节数，得出单人单节课程收入；再乘以同时上该课程的学生数量，就是单节课程的开课总收入。

“将前两月的平均经营成本除以月总课时，得出一名教师上一节课程的课均成本；再乘以该课程所需配备的教师数量，就是单节课程的开课总成本。

“单节课程利润率＝（单节课程总收入—单节课程总成本）/单节课程总收入。”

望着满脸写满困惑的校长们，财务总监又举了两个例子。

“我们以两类课程的计算为例。融合班的收费标准为5 200元/人/月，包含22次、每次3节课程，每节课有5名孩子一起上课，需配备3名教师。而一位L3级教师上一节增强课程的收费为360元/人/节，每节课只有1名孩子。如果当月的课均成本为170元，则计算可得：融合班的预计利润率为−30%，L3级教师上增强课的预计利润率为50%。以后我们要尽量减少利润率为负的课程，增加利润率为正的课程。”

这让校长们深感痛苦和沮丧。其中一位分校校长就亲自处理了一起家长投诉。这个孩子想报融合班，但融合班的亏损率太高，校方不想开课。于是校长只得“劝退”家长，建议孩子改报其他课程。但家长就是奔着融合班的特色课程而来，当然不愿改变选择，最终只能失望地领着孩子走了。眼看着家长伤心而去，这位校长实在忍不住，拨通了孙梦麟的电话，刚一开口就哽咽了：“主任，财务的东西我不懂，我只知道，我们是为这些孩子服务的，当孩子站在我们面前，我们却不敢收，没有办法去收他，这太痛苦了。”

当校长们将制度带回各自分校，教师们也是一片哗然。在他们看来，五彩鹿的初心是要救孩子，这件事是不能算账、不计成本的，现在这种做法完全是在“搅乱”五彩鹿。老师们感到五彩鹿变得陌生、功利、冰冷，一时间士气低迷，人心涣散。

事态的恶化还在继续。新管理团队又出台了两项配套措施。首先是进一步上调学费以增加收入(参见附录5-4)。新的定价体系采用“课程组合”的思路，将原来打包出售的课程体系全部打散成为一个个小单元，分别标价，由家长自行选择组合。其中，除了为享受残联补贴的孩子特设的基础课程包收费较低(2 600元/22天)，其他课程的涨价幅度都比较大。涨价让老师们感到很不踏实，一位有8年执教经验的资深教师曾说：“以前，老师和家长的感情连接很深。家长有问题咨询，经常和老师一聊就是很长时间，我们也从来不去计较。但现在提出费用和利润的问题，这个表格甚至要抠到几分几毛钱，把这种情感联结都打破了。按理说，收了家长更多的费用，就应该提供更好的内容。但是原来系统化的课程体系被打得很碎，连老师都要分级定价，我们就变成纯粹卖课的了，感觉服务质量也下降了。”

根据成本核算结果，收费较低的基础包课程利润率也偏低，个训课、融合班更是“亏本买卖”，而 L3 级教师去上增强课则有很高的利润率。因此，另一项配套措施就是尽量安排课时费较低的初、中级教师去上集中课，课时费较高的高级教师去上增强课，从而降低成本、提高利润率。但是家长们出于性价比的考虑，在增强课这部分普遍会选择初、中级老师，对高级老师的需求并不大。现在硬性将高级老师抽调出来专门排增强课，反而导致她们大多无课可上。

正所谓“世上没有不漏风的墙”，改革的风声传到了几位家长耳中，尽管范围很小，但让家长“为新手教师高价买单”的行为与家长想要“花最少的钱得到最好的康复教育”的初衷产生根本分歧，足以引发家长的质疑与失望，入园人数和课程量不增反减。

既没有“开源”，还不思“节流”，如此一番折腾下来，融资到位仅仅半年，五彩鹿就出现了成立以来的首次亏损。

观念的冲击：“老人”的困惑

转变观念的过程必然伴随着不适应所引发的阵痛。有的老员工习惯了过去由孙梦麟统一安排工作，乍一被要求自行制定工作计划，一开始跟不上节奏。CEO 不能接受这种缓慢的转变，索性招新人来替代老员工。还有一些员工很快接受了“分工”的观念，不属于自己分内之事就撒手不管，学校出现了一些事务和流程上的空当。例如，以前课程结束之后，任课教师都会主动整理教室，但现在渐渐地无人再管。有些员工认为这是由于太过强调职业化管理反而冲淡了主人翁意识。

除此之外，新管理团队的做事风格也引发了老员工的诸多不满。3 月“交权”时，孙梦麟曾叮嘱 CEO，一切重要决策都要开会讨论之后才能拍板执行。但事实真相是，CEO 与她的新团队完全是“关起门来做决策”，原来的行政主管、人事主管、教学主管等元老几乎全都被排除在了决策团队之外。人力资源总监还在孙梦麟毫不知情的情况下，自行招聘了一位熟人担任后勤主管，其合同中规定，每月工作时间不少于 12 天即可，月薪则达到 7 500 元（在同期的薪资调整中，一名老员工——五彩鹿“二把手”行政主管的月薪刚刚由 5 000 元调整为 8 500 元）。

几名元老实在看不下去，给孙梦麟打电话反映意见：“我们这个行业很特殊，我们不是做产品的，而是面对人的。如果要来做这个行业，总要有一些基本的了解。CEO 和她的人或许有很多企业管理的经验，但他们还是下去得少了一些，没有真正走到第一线去看看，和老师们深入交流。以前不管主任你在不在，大家都在忙，忙的无非是孩子和家长的事。可是这些人来了拿着 30 多万的工资，天天就是坐在办公室里聊天、开会，发发指令性的文件，干活的全都是原来的人。”

无奈之下，孙梦麟也曾给 CEO 打过电话，让她注意平衡新老员工的关系。但她却将孙梦麟的举动理解成过分干涉，认为孙梦麟“受不了听到自己的‘心肝宝贝’来告状”，并且还将这种信息传递给投资人代表甚至是投资公司的总裁。投资方要求孙梦麟不要干预决策，要鼓励团队经营，并且尽快兑现 CEO 期权留住她。经历了半年之久的沟通，孙梦麟也很难再开口了。

孙梦麟可以理解新团队是按照经营企业的思路去改造五

彩鹿，但似乎不全然适用。她记起有位老师反映过一个关于学生请假制度的情况。按照五彩鹿以往的规定，家长需要一次性购买一整月（共计 22 个上课日）的课程，某天孩子或家长出现特殊情况无法上课是常有之事，可以允许请假，课程向后顺延。但新团队认为这样不利于课程周期的完整管理，因此断然取消了允许请假的条款。众多类似的例子迫使孙梦麟反思，让拥有丰富企业管理经验的“外行”来执掌五彩鹿，真的合适吗？

是夜，当孙梦麟在脑海中回顾完这半年的变化，天色已然黎明破晓。此时的她明白，五彩鹿也亟待突破黯淡、重见光明。眼见新团队在人、财、物上处处混乱，她该继续任其调整修正，还是索性重新“出山”？如果亲力亲为，她又该如何在最短的时间内扭转局面？五彩鹿在这笔融资之中逐渐模糊的初心，还能找得回来吗？……

(B) 上 下 求 索

危机管理，喜忧参半

就在孙梦麟踌躇不定之时，她突然接到了创投公司董事长的会面邀请。原来，CEO 将孙梦麟“干预管理”的事情层层上报，投资方也认为是孙梦麟一时难以转换角色，决定亲自与孙梦麟面谈，劝她“进一步放权”。

重出江湖

此次会面，当明白对方的来意后，孙梦麟忽然醒悟：自己一度因自认能力不足而压力很大，只想赶紧找到合适的接班人就“退休”，殊不知十年心血、休戚相关，她还是会为每一通倾诉电话而着急揪心，她已然放不下五彩鹿，早已退无可退。不知不觉间，孙梦麟的心态悄然转变，没有人比她更懂五彩鹿，她必须成长学习，重新带领五彩鹿走下去。想明白了这一点，她抓住机会从容面对“诘问”，一一列举了 CEO 及其团队在薪酬体系、绩效考核、成本核算、文化建设等方面的举措，如实描述五彩鹿当前的境况。投资方董事长很快领悟了孙梦麟的意思，为她“重出江湖”的决心所深深打动，同意立即撤换管理团队，并鼓励她：“你的‘天花板’有多高，这个学校就能做到多高。”2016 年 9 月，孙梦麟正式回归五彩鹿，着手挽救局势。

艰难的修复

孙梦麟做的第一件事，就是果断叫停成本核算体系。在她看来，这套体系的核心问题出在价值观的偏离。五彩鹿是一家有强烈社会责任感的企业，成本核算体系以盈利为第一目标，从根本上背离了五彩鹿的初衷。她还将新办公场地进行了退租安排，尽管会损失押金和装修费，但还是有望节约一大笔租金开支。随着人心的安定，入园人数和授课质量又恢复到了以往的水平，不出两个月，五彩鹿的亏损情况便停止了。

然而，薪酬改革留下的乱摊子，修整起来就没这么容易了。投资方团队入驻之前，五彩鹿的月平均工资略低于市场平均水平。孙梦麟回归后发现，此时的五彩鹿平均工资水平有接近1倍的增长，薪资支出已经飙升至企业运营总成本的60%。不同级别之间的薪资差异也很大，以前的工资级差基本在100元—500元之间，而现在每升一级工资涨幅达1 000元—2 500元。她急切地想要压缩这部分成本，但轻易下调薪金势必会影响教师团队的稳定性（参见附录5-5），如果继续维持现有水平，那么经营成本就会居高不下。

快速扩张与人才瓶颈

孙梦麟认为新团队引入的营销理念非常有必要。五彩鹿的发展要更上一个台阶，必须转变运营思路。因此她保留了新的组织架构和部门职能分工，在此基础上着重加强品牌推广和人才培养。新团队搭好了对外拓展的架子，但无论是筹建、装修新校区，还是举办大型宣传活动，实质进展都不多。因此孙梦麟专门招聘了一名运营总监，负责线上运营和IT系统构建。五彩鹿开始寻求与其他线上平台进行合作导流，并且还开发了网络课程。而在线下，五彩鹿开展更多的学术会议、家长培训等活动，同时加强与媒体的联系，进一步提高了知名度。

开设外地分校区的计划也正式启动。2017年初，五彩鹿提出当年开设4家外地分校区的目标，第一个外地分校区——徐州市五彩鹿儿童发展中心在3月份挂牌成立，半年后已有在园儿童50余人，首批投资已经收回，有望在次年实现经营性收支平衡。首次尝试成效良好，孙梦麟信心倍增，第二所外地分校选定上海，计划于2017年10月开始运作。

不过，快速扩张将五彩鹿的人才培养问题推到了十分棘手的境况。五彩鹿有一套适用于新教师培训的课程，一名完全没有从业经历的新手接受约3个月的培训，即可成为实习教师。但是，要想真正成长为一名可以独立授课的专业康复师，在有资深教师手把手带训的前提下，也需要至少1—2年的实操训练。以徐州校区的运作为例，新招募的当地教师都缺乏实操经验，只能从北京抽调资深教师轮流到徐州支援，这个过程至少要持续一年，但如此一来北京校区的教学压力就更大了。孙梦麟还希望在未来3年内开办10所外地分校，提高人才培养速度势在必行。

再次出发，剑指何方？

孙梦麟很清楚，这一场转型风波并没有完全突破五彩鹿的发展阻碍，反而暴露了更多内部管理问题，也加剧了解决问题的紧迫性。尽管首次尝试市场化经营和职业化管理的结果苦乐参半，孙梦麟依然希望沿着这条道路走下去。2017年9月，孙梦麟牵头召开了五彩鹿战略定位会，所有分校校长、总监、部门负责人悉数到场。她希望大家畅所欲言、集思广益，摸清发展症结，规划更为切实可行的战略蓝图。

会议伊始，外地新校区拓展负责人首先打破了沉默："孙主任，自闭症康复行业的进入门槛并不高，开展业务不难，因此我认为未来的市场竞争只会越来越激烈。与我们相似的民间机构暂且不说，以残联为代表的政府部门、医疗机构、教育机构等都是与这一行业息息相关的主体。眼下他们都还没有涉足，我们实际上是正在利用这'三不管'的'空子'。一旦其中任何一方或多方合作兴办康复机构，可以直接导入资质、执照、政策支持、病患资源、师资力量等，我们根本竞争不过。所以我认为五彩鹿必须加强与其他资源的对接与合作。”

徐州校区的校长插话道：“没错，徐州校区就是这样发展。我们和市残联合作建立特殊教育教师培养基地，与当地大学附属医院合作成立医疗康复研究基地，共同申报科研项目和相关课题。这种深度合作有利于巩固我们的市场位置。进一步看，目前大量民办机构在康复方法和标准上简直就是一团混战，如果我们能输出一套统一的行业标准，通过与残联等政府部门合作，推动师资水平、干预方法等资格认证体系出台，就像我们连续出版两部《中国自闭症教育康复行业发展状况报告》一样，就能提高在行业内的品牌影响力。”

市场部负责人忍不住打断了两位校长的讨论。她说：“2016 年加入五彩鹿之前，我在互联网公司工作，我认为相比于资源合作，商业模式创新更加重要，必须抓住互联网时代的风口。市场部在做线上宣传时发现，现在有许多线上的自闭症交流平台，例如北京的‘自闭症互助圈’、上海的‘暖心社区’等。平台上集合了大量自闭症儿童的家长，分享国内外最新的自闭症资讯，所有信息都是打通的。相比之下，虽然五彩鹿也做了在线课堂，但这其实就相当于开了一家网店，可做平台却是要打造一个‘淘宝’，自营加上加盟，更能垄断市场。机会稍纵即逝，如果我们现在不去做，未来就会永远失去这一块业务。最快的方式就是融资收购几个现有平台，用我们的线下资源弥补他们只靠线上业务盈利的不足，形成协同优势。”

这番讨论让教学总监皱起了眉头。她是在五彩鹿工作了十多年的“元老”，多年的一线教学工作令她对五彩鹿的发展重点有不一样的看法。“我觉得这些都是次要考虑的。我们首先要做的是严把教学质量，提高教学水平。根据中国残疾人联合会的数据，截至 2016 年，国内的自闭症康复机构有 1 345 家，50%以上是由家长创办的，教学质量参差不齐。而高水平的康复效果一直是五彩鹿赖以生存的根基，我认为这也同样是五彩鹿未来参与市场竞争的核心优势。将来外地分校越来越多，怎么能确保各地分校都有和北京校区一样的教学质量？这才是我们首先要思考的问题。”

“另外，12 年来，我们都是以 ABA 理论作为基础，但其实有效的干预方法有 14 种，比如现在有些机构在做感觉统合治疗、游戏教学等等。以前我们是将这些理论融合在 ABA 系列课程里，没有单独开课，结果就是很多孩子来过我们这里之后，还要再去其他机构上专门的感觉统合治疗课。那么将来我们可不可以考虑把课程体系做得更细、更精呢？比如除了现有的音乐治疗课，运动治疗、语言治疗、美术治疗等也许都可以发展成独立的课程，这样一来，一些非自闭症但有某方面发育障碍的孩子也可以成为我们的服务对象。”

听到这里，家长服务方面的负责人接过了话头：“我补充一句，我认为我们的服务对象范围确实可以拓展得更广。主任在创立五彩鹿的时候就说过，五彩鹿要满足三个核心需求：家长的需求、孩子的需求、老师的需求。我们在满足家长需求方面可以做更多工作。从短期来说，我们一直强调家长应该在自闭症干预过程中扮演重要角色，这就意味着家长需要学习专业的干预方法。也正是出于这种考虑，五彩鹿从 2016 年起以低于市场的价格开设了家长培训业务。目前规模还很小，2017 年初到现在家长培训班一共报名 71 人，但这 9 个月儿童入园达到了700多人。不论从家长需求还是办学需求看，今后我们都应该大力发展这块业务。不过，现在家长培训是由4名教师全职负责，集中安排在顺义校区，既要接受总校的统一管理，在某些日常事务上还要接受顺义校区的安排，所有收入也划归顺义校区，交叉管理很混乱。未来还要首先理顺管理机制问题。”

“而从长期来看，既然自闭症是一种终生无法治愈的疾病，家长需要的就不只是‘早期干预’，而是‘生命全程’的关照。以前五彩鹿将服务对象明确界定为0—6岁的幼龄自闭症儿童，相当于‘放弃’了大量自闭症人士的少年、成年期的成长需求。我认为五彩鹿应该沿着自闭症儿童的成长时间线，一步一步‘通吃’全程，关照到幼儿教育、学龄期教育、职业培训、就业甚至是托管与养老等所有环节。主任前阵子不是提过家族信托的设想吗？我感觉这就是个很好的切入点。家长们想要确保大龄自闭症人士可以得到终身养护的资金保障，但把钱托付给亲戚朋友甚至兄弟姐妹，终究都不放心，还不如借助金融和法律机构的力量进行家族财富管理。在这个过程中，五彩鹿可以承担资质评估、资金监管、看护落地等许多业务，这才是真正的‘朝阳业务’。”

众人正在琢磨这些新点子，会议室另一端忽然响起一个声音：“这些想法好是好，可是缺人才啊！”说话的是五彩鹿自闭症研究院院长。他见大家都看向自己，略一沉吟，便继续说道：“不论是拓展课程内容还是兴办家长培训，实现这些新构想的核心都在于要有充足的专业人才。可是目前无论是现有人才数量，还是培养人才的速度，都跟不上业务扩张需要。我认为这是眼下五彩鹿面临的最大困难。早在一年之前我们就探讨过，希望通过建立标准化培训体系来解决。如果能将优秀教师的个人经验提取到群体层面，编汇成标准化的教材，再借助远程通信技术进行异地视频督导，那么就可以将资深教师'解放'出来，并且同时段内可培养的新教师数量也将大大提高。可是这一年来，这项工作进展非常缓慢，严重制约了新业务拓展。"

人力资源部负责人最后发言："在我看来，业务拓展、校区管理、人才培养等许多工作一直无法推进，根本原因出在咱们的激励机制有问题！先说绩效考核。在投资方引进新管理团队改革之前，我们的考核表条目很细、内容丰富，每个岗位都要考核，整个体系还是比较贴合业务需要的(参见附录5-6)。但其实像教学质量这种指标是很难真正量化考核的，所以那时候也就是主观打分，大家都不怎么重视，考核流于形式。但是自从2016年新管理团队接手，把考核内容都给改了。现在教学岗位只看课时量，课时量达标就可以拿绩效工资，以前的家长服务、教学质量，现在都不考核了。非教学岗位更是直接取消了绩效要求和相应的考核(参见附录5-7)。"

"再说考核结果与薪酬制度、激励导向也没有太大的关系。以前，绩效工资大约占总工资的30%，不过那时候大家工资都低，老师的课时费只有10元每小时，绩效工资的上下浮动也没那么敏感。后来工资倒是涨了不少，但教学岗位的绩效工资只占总工资的10%，非教学岗位直接拿固定工资。不论是哪套制度之下，绩效考核结果几乎都没有和其他奖惩、职级晋升等挂钩。现在这种激励制度之下，老师们当然都希望尽量多上课了，教师分级标准里都明确规定了一些较高等级的老师需要带训新人，但说实话，如果这些事做好了没奖励、做差了也没惩罚，谁会真的用心去做！所以我认为，刚才大家提到的想法都很好，但无论要走哪条路，都要先把内部管理制度建立好，尤其是人力资源制度。”

听完这一番话，会议室里忽然陷入了沉默。孙梦麟看着眼前本子上密密麻麻的记录，一时间心乱如麻。她知道大家都在等着自己做总结发言，最好还能定下发展方向，并且尽快拿出可行方案。可是五彩鹿现在资源有限，发展机遇又稍纵即逝，她究竟应该将哪个问题确定为第一战略重点，予以人力、财力的倾斜？她该怎样做，才能让五彩鹿内外兼修、健康成长呢？

附录 5-1 五彩鹿规模扩张情况

年 份	校区数	师生比	累计在园人数
2004	1	1∶3	72
2005	1	1∶3	120
2006	1	1∶3	192
2007	2	1∶3	380
2008	2	1∶3	476
2009	3	1∶3	521
2010	3	1∶3	538
2011	3	1∶3	559
2012	3	1∶3	484
2013	4	1∶3	551
2014	4	1∶3	556
2015	3	1∶3	526
2016	3	1∶4	731

注：2013 年五彩鹿开办大兴校区，后因地处偏僻，生源有限，于 2014 年关闭。

资料来源：由五彩鹿提供。

附录 5-2　五彩鹿组织架构变动史

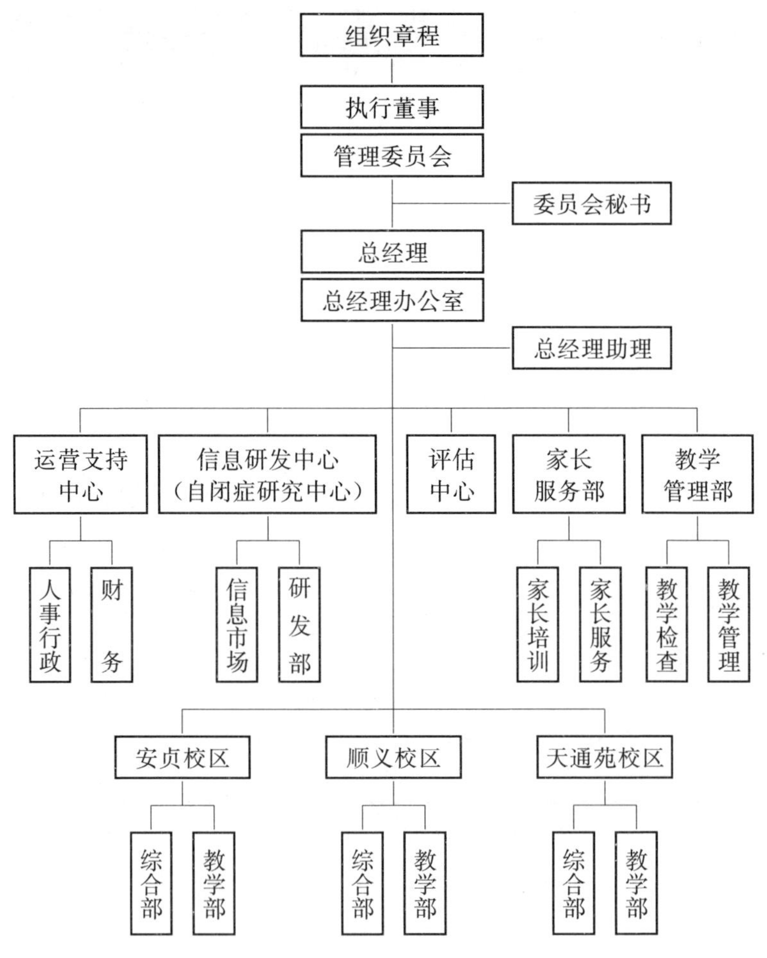

图 1　2013 年五彩鹿组织架构图

资料来源：由五彩鹿提供。

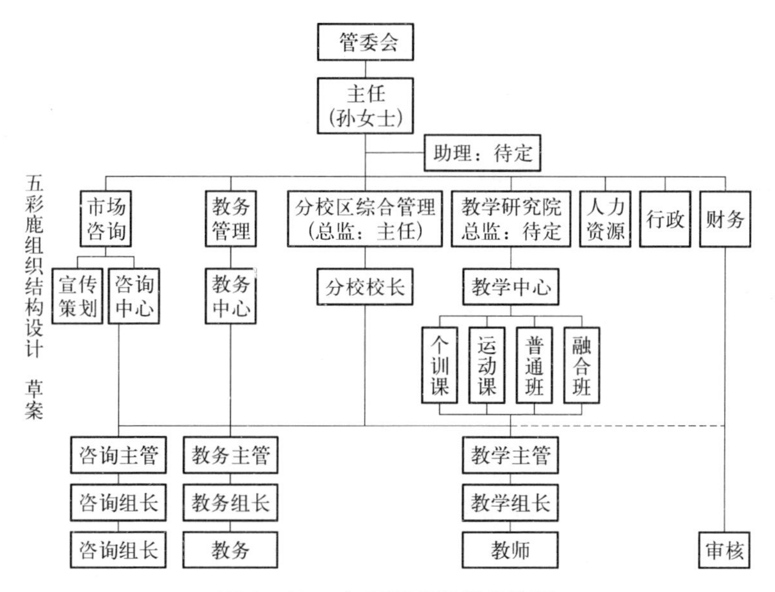

图2　2014年五彩鹿组织架构图

资料来源：由五彩鹿提供。

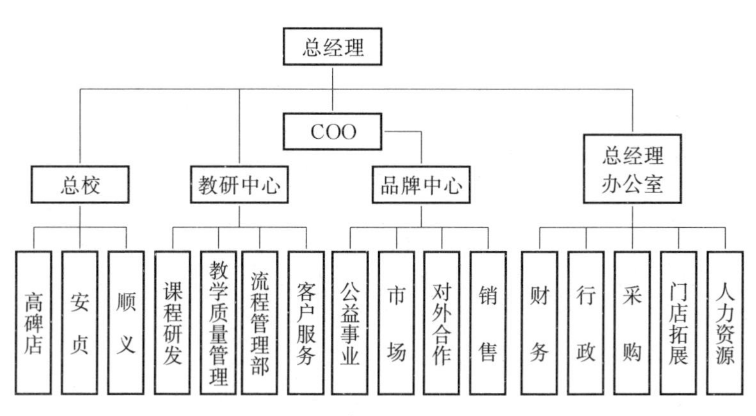

图3　2016年8月组织架构图

资料来源：由五彩鹿提供。

附录 5-3　教师分级晋级标准(节选)

级　别	要求	教　学　要　求
初 1 级晋升初 2	必备条件	1. 独立承担各课型教学工作至少 3 个月
		2. 教学考核平均分 25 分以上(包含 25 分)
		3. 家长满意度中对教师的评价应在 8 分以上(包含 8 分,满分 15 分)
		4. 能够根据 IEP(individualized education program,个别化教育计划)并结合孩子能力和兴趣挑选合适训练项目,同时独立撰写教案
		5. 积极参与各项培训,每年参加各级别培训课程的出勤率要达到 95%以上
	加分项	1. 每年获得一次最佳教案
		2. 其所在教室每年获得过最美教室荣誉
初 3 晋升中 1	必备条件	1. 独立制定 IEP,并和家长沟通计划
		2. 可以承担班主任的工作,并对班级配班的教师进行管理
		3. 能够对实习生进行各种课型的指导培训,并可以承接带初 1、初 2 级老师的任务
		4. 教学考核平均分 28 分以上(包含 28 分)
		5. 家长满意度中对教师的评价应在 11 分以上(满分 15 分)
		6. 能够根据要求承担一部分教研任务(晋升教师主管)
		7. 每年获得两次最佳教案
		8. 积极向期刊投稿,年度至少 3 篇稿件,其中至少有 1 篇采用
		9. 能够带实习生实习培训,实习生能够按时通过考核转正(晋级教师主管)

（续表）

级　别	要求	教　学　要　求
初3晋升中1	加分项	1. 承担相关的教学管理工作(晋级教师主管)
		2. 年度教学考核中排名前三名
		3. 其所在教室每年获得过最美教室荣誉
中2级晋升中3	必备条件	1. 独立制定IEP，并和家长沟通计划
		2. 可以承担班主任的工作，并对班级配班的教师进行管理
		3. 可以承接带初3级老师的任务
		4. 教学考核平均分32分以上
		5. 家长满意度中对教师的评价应在13分以上(满分15分)
		6. 所带初级教师的年度教学考核排名前两名，年度有教师晋级至中1级
		7. 能够承担教师和家长培训任务
		8. 可以独立承担教研任务
		9. 每年获得3次以上最佳教案
		10. 保质保量完成所负责的教学管理工作(晋级教师主管)
		11. 个人年度教学考核排名在前三名
		12. 积极向期刊投稿，年度至少5篇稿件。其中至少有2篇采用
	加分项	其所在教室每年获得过最美教室荣誉

资料来源：由五彩鹿提供。

附录 5-4　五彩鹿学费变动情况

时　间	课程名称		课程形式	学　费	备　注
2004—2013 年	半天班		一对多+一对一	3 300 元/22 天	一次半天(3 节)，包含 1 节集训课、1 节个训课、1 节增强课
	全天班		一对多+一对一	4 800 元/22 天	一次全天(6 节)，自由定制集训课、个训课、增强课的组合
2013 年	半天班		一对多+一对一	3 960 元/22 天	具体情况与 2013 年之前相同
	全天班		一对多+一对一	5 760 元/22 天	
2016 年	基本课程	基础课程	一对多	2 600 元/22 天	单次上课时间均为半天(3 节)，家长可自行选择组合
		多元课程	一对多	4 500 元/22 天	
		个训课	一对一	3 900 元/22 天	
		融合班	班级制	5 200 元/22 天	
		预备班	班级制	5 200 元/22 天	
		学前班	班级制	5 200 元/22 天	
		小学班	班级制	5 200 元/22 天	
	增强课		一对一	(L1)180 元/节 (L2)260 元/节 (L3)360 元/节	视教师级别而定费用，费用计量单位为节

部分课程简介：

基础课程

基础课程包含综合集体课程（认知、音乐、精细、生活自理、游戏、美术）和运动课程（肢体运动、球类、其他器械类、娱乐设施类、互动游戏、体操律动等），课程内容符合幼儿心理及能力发展特点，上课过程有家长的陪伴和指导，教师根据课程内容、结合孩子的表现情况，对家长的辅助方法和家庭训练提供建议。

个训课

个训课是五彩鹿的核心课程之一。根据每个孩子的具体能力、针对每个儿童不同阶段的不同需求、根据科学的评估来制定合理的教学计划，由老师一对一实施完成，加强儿童的个人基本知识和能力（配合、注意力、模仿、语言、认知等），为融入集体环境奠定基础。

融合班

融合课程是五彩鹿于 2011 年开发的教学培训体系，目前是国内独有。该课程由老师教学，学生独立上课，脱离家长的帮助。参加该课程教学的学生 30%以上能进入普通小学。教育理念：把孩子放在集体环境中去学习；把家长“请出去”；把任务交给孩子，给孩子自由空间。

学前班

学前班是孩子从幼儿园到小学的过渡。五彩鹿的学前班教学参考了普通儿童的学前教育教材、课程设置、时间安排、活动内容等，让孩子们尽早适应在小学里可能会遇到的各种情况，养成良好的教室常规和学习习惯，为将来融入普通小学奠定良好的基础，同时也为不同能力水平的学龄自闭症儿童提供更长远的教育干预。

资料来源：由五彩鹿提供。

附录 5-5　五彩鹿教师团队情况

表 1　历年员工离职率

年份	年度在岗人数	年度离职人数	离职率	备注
2013	84	29	25.67%	
2014	97	15	13.40%	
2015	102	21	17.07%	
2016	115	22	16.06%	
2017	142	13	8.39%	截至 10 月

公式：离职率＝年度累计离职人数/(年度在岗人数＋年度累计离职人数)＊100%

表 2　现有教师各级别人数汇总

教师级别	J1	J2	J3	M1	M2	M3	管理级别	(总数)
人数	30	32	15	9	17	1	6	110
比例	27.27%	29.09%	14.64%	8.18%	15.45%	0.91%	5.4%	100%

表 3　现有教师工作年限汇总

年限	1—3 年	3—5 年	5—10 年	10 年以上
人数	58	16	29	7
比例	52.73%	14.55%	26.36%	6.36%

注：统计时间截至 2017 年 10 月。
资料来源：由五彩鹿提供内部资料。

附录 5-6　五彩鹿绩效考核与薪资制度节选(2016 年之前)

表 1　教学人员考核维度、权重表

考核维度		评　分　人	考核权重
绩效	教学工作	骨干教师	60%
	家长服务	家长	20%
	后勤管理	后勤人员	20%

表 2　教学管理人员考核维度、权重表

考核维度		评　分　人	考核权重
绩效	教学工作	骨干教师	40%
	家长服务	家长	10%
	后勤管理	后勤人员	10%
	管理工作	直接上级	40%

表 3　非教学-一般人员考核维度、权重表

考核维度	评　分　人	考核权重
任务绩效	直接上级	70%
态　　度	直接上级	30%

表 4　非教学-中层管理人员考核维度、权重表

考核维度		评　分　人	考核权重
绩效	任务绩效	直接上级	50%
	周边绩效	同级相关部门主管	30%
	管理绩效	直接上级	20%

表 5　综合评定个人等级与得分系数对应表

个人等级	优秀	合格	基本合格			不合格
个人得分	100—90	89—80	79—75	74—65	64—60	59 以下
得分系数	1.15	1.00	0.85	0.8	0.75	0.3
比例限制	≤15%	—		—		—

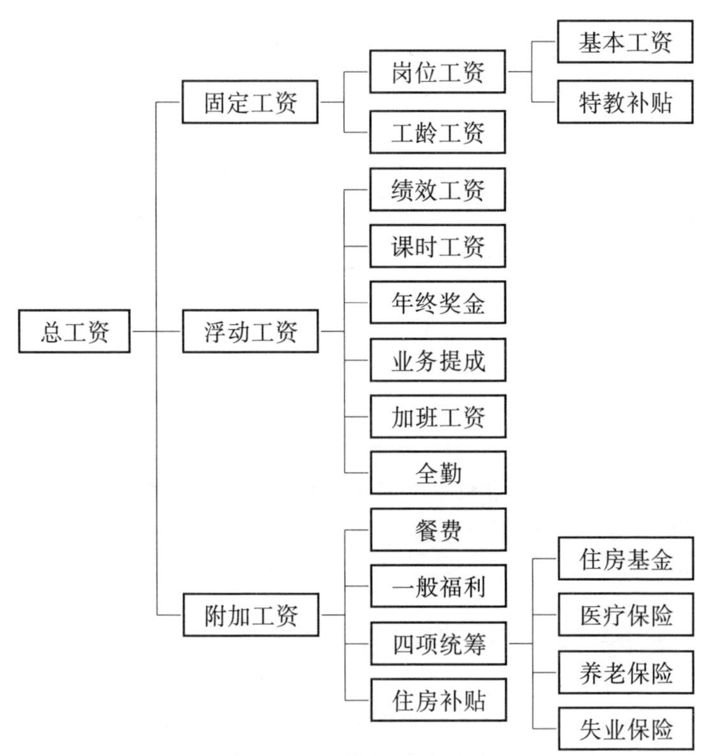

图 1　工资结构图

说明：绩效工资计算公式为岗位工资×60%×考核得分系数。
资料来源：由五彩鹿提供。

附录5-7　五彩鹿绩效考核与薪资制度节选(2016年之后)

第二章　薪酬体系

第六条　五彩鹿员工分成两个职系，分别为教学类职系和非教学类职系。

第七条　五彩鹿员工实行等级工资制。

第八条　教学类职系薪酬构成为：基本工资＋课时工资＋绩效工资＋住房公积金。

非教学类职系薪酬构成为：岗位等级工资＋住房公积金。

第四章　非教学职系员工工资

第十四条　非教学职系员工指除教学工作以外的人员，包括行政人事、财务、后勤、咨询、对外关系、市场等部门。

第十五条　非教学职系员工工资执行岗位等级固定工资制。

第五章　教学职系员工工资

第十六条　教学职系员工是指专门从事或绝大多数精力用于从事教学及教学管理工作的员工，即教师。

教师专业等级划分为实习试用教师、初级教师、中级教师、高级教师、特级教师。

教师管理岗位划分为普通教师、教师主管、教学校长。

第十七条　教师工资执行等级工资制。

计算方法：月工资＝基本工资＋课时工资＋绩效工资＋住房公积金。

(一) 基本工资，教师在完成月基本课时量标准后即可获得基本工资，基本工资按教师等级发放。

(二) 课时工资，教师超出月基本课时量后的课时即可获得课时工资，课时工资依照教师等级按实际统计的课时量核算发放。行政级别员工承担教职，按实际课时量计算课时工资。

(三) 绩效工资，教师在完成绩效工资课时量及教学工作后即可获得绩效工资，绩效工资按教师等级发放。

最低课时量标准、基本课时量标准依照教师岗位任职决定。

	普通教师	教师主管	分校长
月最低课时量	60 课时	30 课时	6 课时
月基本课时量	95 课时	70 课时	10 课时
月满课时量	160 课时	112 课时	22 课时
月最高限额课时量	176 课时	124 课时	44 课时
月绩效工资课时量	120 课时	84 课时	17 课时

资料来源：五彩鹿内部资料。

点评

不忘“价值观”初心，方得“持续发展”始终

魏 峰*

本案例非常完美地展示了价值观在企业，尤其是社会企业发展中的核心地位。无疑，五彩鹿在成立之初就是一家社会企业，具有很强的社会责任感和公益性。第一次转型失败，虽然直接原因有很多，但主要还是偏离社会责任价值观太远。这主要表现为以下几点。

1. 企业在高管的选用上忽略了价值观标准

五彩鹿的新管理团队多来自在市场上浸淫多年的成熟行业或企业的管理者，熟悉市场竞争的丛林法则。但我们知道企业选人的标准除了才能还必须要价值观认同。正所谓“君子不器”“成己达人”，作为社会企业，五彩鹿的血脉里社会责任的价值观是超越经营排第一位的，新高管团队在价值观上与公司传统的不一致导致了后续管理理念和手段的偏离。

2. 企业在发展目标上偏离了爱的初心

五彩鹿最初是希望通过早期干预来有效改善自闭症儿童的生存状况，甚至给其生命全程以持续关照。而改革后的企业则成为一台冷冰冰的机器，一味追求组织的经济利益和规模扩张，以满足股东和高管的私利为主，完全没有了社会责任和公益之心，甚至将自闭症儿童的合理需求拒之门外。

3. 企业在人力资源管理上偏离了爱的信念

---

* 同济大学管理学院教授。

五彩鹿最初对内实行的是“仁”治，选聘的多是对自闭症儿童有爱心的同道中人，管理手段也充满人性化色彩；而新管理团队实行的则是“法”治，试图使用市场化的交易法则对待员工，彼此之间失去了情感的纽带，当然员工也同样以市场的方式对待企业，更将此干涸的关系传递给了客户。

企业在尚很弱小的创业早期，很难经得起大折腾，而在价值观上的改变则是牵一发而动全身的大变革，弄不好就会功败垂成。很庆幸，创始人孙梦麟及投资人能及时发现问题，力挽狂澜，回归初心，将企业价值观彻底扭转到关爱自闭症儿童、提升康复效果的轨道上。但是总体看，还不够彻底，在高管们对未来发展方向的讨论中，依稀看到“市场扩张”与“康复效果”之间的冲突和矛盾。虽然社会企业也要追求盈利和扩张，并以此反哺公益性初心，但公益和社会责任的价值追求永远是社会企业存在的根本，所以在商业模式上清晰、不妄为至关重要。五彩鹿在商业模式上有以下几点需要把握好。

1. 清晰稳定的价值主张

专注于为自闭症儿童提供全生命周期的高质量服务应该是五彩鹿的初心和赢得市场尊敬和客户认可的根本。当任何的公司经营活动偏离这一根本时，无论是经营理念还是管理手段，都应该及时纠错，回归初心。我很赞同案例中教学总监的理念，以提升教学质量和康复效果为本，稳步推进。

2. 有效整合外部资源

五彩鹿一直不是“一个组织在战斗”，政府、医院、高校和社会爱心机构都在不同程度上给予其支持和扶持。这是一个良性的生态系统，随着社会的发展和进步，这一社会生态将更加有效。五彩鹿需要利用自己的公益属性，合理借力，而不是凸显自己的市场特性，脱离公益生态系统。

3. 用心弥补业务经营短板

由于出身于“特教”体系，五彩鹿的员工构成也是教育背景居多，在经营管理上略显不足，孙梦麟也很早就意识到这一点并着力改进。但有一点必须注意，就是新引进的管理人才一定要有“心”，要认同公司价值观；新引入的运营和管理手段一定要与公司文化相一致，凸显爱心。

每一个社会企业都跟五彩鹿有很多相似之处，虽然管理经验千条万条，但只有不忘“社会责任”初心，方得“持续发展”始终。只要坚持服务社会，无论规模大小，都将获得社会和时代的尊重。

黑猫白猫，要的是好猫

邢文毅*

“商业就是最大的公益”，“商业比公益更高效，我们要以商业的手段做公益事业”，近年来，这样的说法相当普遍。一方面，商业背景的人士很多对此深信不疑，认为商业是社会生活的支柱，而公益只是锦上之花，公益行业效率低，商业则更为高效；另一方面，公益界对于商业，多持两极分化的态度——崇拜和排斥。崇拜者认为引入商业化手段可以把机构管理得更好，一劳永逸。排斥者强调做公益必须不忘初心，商业不能代替公益，价值观才是硬道理。双方各执一词，谁也不能说服谁。

五彩鹿的商业化尝试为什么会失败？回顾五彩鹿在商业化过程中出现的问题，突出表现在以下几个方面。

1. 对自闭症儿童康复教育的前景把握不够

虽然五彩鹿创办早，有一定先发优势，但经过十几年发展，学龄前自闭症儿童早期干预早已是一片红海，康复机构之间同质化很高。要寻找新的增长点，就要考虑自闭症人士各个生命阶段所需要的服务，如融合教育、就业支持、托养医疗等等。而新的管理团队没有着眼于培育未来市场，为机构制定长远规划，更没有进行产品、服务和组织上的创新，仅就现有业务进行成本核算和人员调整，在一个封闭的小环境里试

---

* 北京乐平公益基金会理事。

图获得利润的迅速提升，当然很难成功。

2. 对自闭症儿童康复教育的专业性认知不足

自闭症是一种谱系障碍，每个孩子的差异非常大，市场上最常见的干预方法是ABA(应用行为分析)训练，但大部分康复机构的教师都没有专业特教背景，往往是经过流水线式的短期培训就直接上岗，不管面对什么样的孩子都只有一套教法。五彩鹿的核心产品集中于ABA，但新的管理团队进驻后，没有将精力集中在提高用户(自闭症儿童及家长)体验和教学质量上，既缺少高端人才BCBA(国际认证行为分析师)的积累，也没有建立因材施教的产品线或开发新产品，缺乏核心竞争力。在发布考核标准时，更是将教学质量和用户满意度(家长反馈)排除在外，仅以课时和利润作为考核标准，导致了产品和服务质量的进一步下降。

3. 草率制定新规，不重视内部沟通

五彩鹿引入的管理团队，对用户和市场都缺乏深入的了解，没有深刻研究外部环境的变化，并根据变化相应升级产品和服务，更没有建设完整的价值体系和组织文化来指导日常行动，仅着眼于短期经济利益，凭经验草率做出管理上的调整，打破了原来的平衡，造成了更大的内部冲突，没有形成有效的激励，使业绩不升反降，整个机构的士气严重受挫。

创业团队遇到了管理瓶颈，零散的技能不足以支撑组织上一个台阶；新的管理团队硬着陆，没有用心钻研就外行领导内行。因此，无论“初心”还是“商业化”都不是一招制敌的良方。黑猫白猫，抓到老鼠的才是好猫。要把一个有社会使命的组织运营好，需要一个特别善于学习和有韧性的团队，不断钻研、实践和试错。更重要的是在明确社会目标的前提下，进行系统化的创新，“打开企业的天窗，看一看外面的世界”，建立新的生态，寻找新的市场，打造新的产品，建设新的组织，走一条前所未有的道路。

更进一步讲，无论是五彩鹿还是其他社会组织，要找到出路，最重要的是解放思想：打破二元对立的惯性思维，打破僵化的边界，不以现成的套路限制自己的思维和行动，发挥企业家精神，以新视角看问题，寻找意料之外的组合，在模糊地带进行创新，反复试验，不怕试错。

没有哪个组织是完美的，都需要迭代演变，出现问题的地方就是创新的机会。在案例中可以看到，在随后的战略定位会上，各位负责人已经提出了有质量的建议。尽管困难重重，只要核心团队能够努力合作，建立清晰的社会目标，培育和发展新的市场、人才、技术、方法，植根于社区，仍然有很多机会扩展业务，把五彩鹿建设成优秀的机构，实现组织和个人的成功，为全体利益相关方创造价值，最终成为业界为人称赞的好猫。

6 智慧健康公司：肩负社会使命的谈判抉择[①]

作者注：

在使用该案例教学时，授课者应在课堂发放案例（而不是课前发放给学员），使一半学员扮演社会创业者角色（仅阅读案例A），另一半扮演投资人的角色（仅阅读案例B），两个角色的扮演者并不知道对方角色的信息，保证谈判的真实性。授课者亦可以考虑将两个角色扮演者一对一配对进行谈判实战，然后再进行课堂讨论。

社会创业这门课程鲜见于世界商学院的课堂中。商学院的授课者可以考虑将社会企业的案例开发成类似于本篇案例的形式，与其他管理学科进行融合，从不同角度来分析，进而将社会企业的特殊性和相关理论渗透在课堂讨论之中。

---

① 本案例由中欧国际工商学院管理学助理教授李尔成（Byron Lee）和资深案例研究员赵丽缦基于深圳市人人壮科技有限公司的融资谈判改编撰写，改编得到了企业的授权。案例对财务数据和敏感信息进行了必要的修饰，旨在使案例保证实效性、增强决策的冲突性和普适性，该案例的目的是用来作为课堂讨论的题材而非说明案例所述公司管理是否有效。

(A)
智慧健康公司创始人兼首席执行官郑霖的角色

您是智慧健康公司(Smart Health)的创始人兼首席执行官郑霖。智慧健康公司是一家总部位于深圳的社会企业，专注于开发智能健康医疗产品。在过去3年里，智慧健康公司依靠您为老年人设计的智能药盒获得了5项专利(参见附录6-1)。3个月前，该产品进入中国市场并大获成功，平均月收入为10万元人民币。公司的下一步是继续开展研发活动，持续改进产品，进而扩大销售范围，帮助老年人过上更轻松的生活。为实现该目标，您正在寻求以公司20%的股份获得500万元的第一轮投资。

在与不同投资者进行沟通之后，有5个不同的机构或个人投资者向您提出了投资要约。您认真考虑了其中的两个投资者。一家投资公司提议出价400万元购买公司20%的股份。但是您对此并不满意，不是因为财务条款，而是通过讨论，您认为该投资者主要关心的是如何在公司"帮助老年人"的社会目的下实现利润最大化。第二份要约来自一位影响力投资者，其同意不会出于财务目的对公司的运营施加任何限制，并为公司20%的股份开出300万元的报价。您不愿意接受这些财务条款，但这位投资者对您公司的社会目的给予的理解和支持，使您想与之进一步接触。

智慧健康公司是一家社会企业，您希望将社会目的作为公司的核心。在香港大学读研期间，您和您的祖母住在一起，您是由祖母抚养长大的，与她非常亲密。然而，您的祖母患有高血压和糖尿病已经20年。有一次，祖母因为忘了吃药而晕倒，险些丧命。幸运的是，一位路过的邻居救了她。这次经历改变了您的生活——您创立了智慧健康公司，主要目的是帮助老年人平平安安，并尽可能地与家人互动。您使用最新技术发明了一种智能药盒，获得了来自3M公司的15 000元创新资金。您的社会企业由此起步，您有两个目标：一是成为可持续和盈利的企业，二是让更多老年人可以通过您的发明来改善生活。

围绕这两个目标，您设计了一个进入市场的商业模式：第一，您希望将产品销售给高端客户，通过线上和线下平台产生利润（目前收入约为100 000元/月）；第二，秉承您的社会使命，公司向负担不起费用的低收入老年人捐赠一个简化版药盒（目前费用约为20 000元/月）；第三，公司出资在养老院和社区工作坊组织活动，并动员员工抽时间参与活动，旨在改善老年人的生活。您在这些活动中展示产品，但不会销售（目前您在这上面的支出约为20 000元/月）。由于这些活动，智慧健康公司不会从药盒销售中获得任何营业利润。为实现利润最大化，许多投资者建议您将所有资源都集中在高端客户上，但至今您都未采纳。您认为帮助所有老年人很重要，您坚信必须为社会目的投入足够的资源。

最近，另一位投资者、中国最大的风险投资基金之一XYZ资本接触了您。两个月前，您在腾讯举办的一次活动上遇到了XYZ资本的一位董事总经理刘鑫。在交谈中，您讲述了智慧健康公司作为社会企业的愿景和独特性。

刘鑫认同和理解您创办公司的社会贡献。您觉得与刘鑫一见如故，因为刘鑫的母亲也有健康问题，而且刘鑫认为您的产品对于老年人大有裨益，他似乎也热衷于帮助老年人。因为您感受到刘鑫对社会事业的热情，所以乐观地认为可以达成协议。有了这些想法，您将与投资者开会协商以下条款。

（1）XYZ资本对贵公司的投资金额，以及您用于交换该金额的公司股份比例。

（2）XYZ资本将获得的董事会席位数。目前董事会有5个席位，如果XYZ资本获得2个以上席位，则意味着您要放弃对公司的决策控制权。

（3）其他财务条件，比如出资时间和额度（是否分期付款）、出资条件（达到某些利润或收入目标）。

(B)
XYZ资本董事总经理刘鑫的角色

您是XYZ资本的董事总经理刘鑫。XYZ资本是中国五大风险投资基金之一。作为董事总经理，您完全有权决定投资哪些公司，主要目的就是实现高投资回报率。您坐在办公室里，开始充分考虑由智慧健康公司创始人兼首席执行官郑霖领导的一个潜在投资项目，这是一个专为老年人开发智能药盒的项目（参见附录6-1）。虽然您看到这家公司的巨大潜力，但您不确定应该如何谈判，因为这是您第一次考虑投资一家以“社会企业”为自我定位的公司。

几个月前，智慧健康公司向中国市场推出了其智能药盒。尽管该产品上市不久，但该公司的月收入已达到约100 000

元。由于药盒的专利技术以及老年人产品的预测市场增长，您看到了巨大的投资回报潜力。由于是初次投资，您还重点考虑了创始人的特质，而郑霖是个充满魅力、激情和动力的人——这些都是成功企业家必须具备的关键特质。郑霖早在中国香港读研期间就设想开发一种高科技药盒，其创立这家公司的想法源于他与祖母在中国香港的个人经历。郑霖认为，这项新发明有助于填补相应市场的缺口。

纯粹从财务角度来看，您的市场调研表明，智慧健康公司可以获得高于市场平均水平的投资回报率，因为该产品的潜在平均利润率约为40%，非常稳健。因此，您认为如果对该公司投资500万元换取其20%的股份，从而满足郑霖的初始要价，那么它将会产生足够的投资回报。

但是，当您考虑如何与郑霖谈判时，一个重要的问题摆在您的面前，那就是该公司属于社会企业的概念范畴。作为一家社会企业，智慧健康公司将时间和资源集中在组织老年社区活动，以及向低收入老年人捐赠简化版药盒上。这可能是一种很好的营销手段，但它也会对利润产生负面影响，使利润降低到投资者可能无法接受的水平。虽然您对帮助老年人这件事表示赞同，因为您自己的母亲也有健康问题，但是您还是希望自己的投资能得到足够的经济回报。

如果智慧健康公司是一家纯利润驱动的商业企业，您会毫不犹豫地按郑霖的要价进行投资。但是，如果郑霖坚持继续开展低利润的社会公益活动，那么您不确定应该如何正确评估该公司，以及如何确保您获得高投资回报率。XYZ资本的一项标准是通常不投资那些投资回报率低于30%的公司。

目前，XYZ资本并未参与公益创投[①]或影响力投资[②]，而作为传统投资机构，投资回报率一直是最重要的指标。因此，控制资金流或控制董事会也许可以帮助您影响智慧健康公司，以便在未来做出明智的财务决策。

带着这些反复思考的想法，您就以下事项与郑霖进行最终谈判。

(1) 您愿意投资智慧健康公司的金额，以及您将相应获得的公司股份比例。

(2) 您将获得的董事会席位数。目前董事会有5个席位。通常您在所投公司中占少数董事会席位，但您需要的是能给智慧健康公司做出经济上有利的决策，因此可能需要大多数席位。

(3) 其他财务条件，比如出资时间和额度(是否分期付款)、出资条件(达到某些利润或收入目标)。

---

① 公益创投的定义是“投资于具有社会目的的组织，为其提供财务和非财务支持，使其变得更强大”。

② 影响力投资是指为解决社会和或环境问题而对公司、组织和基金进行的投资。

附录 6-1 智慧健康公司的核心产品

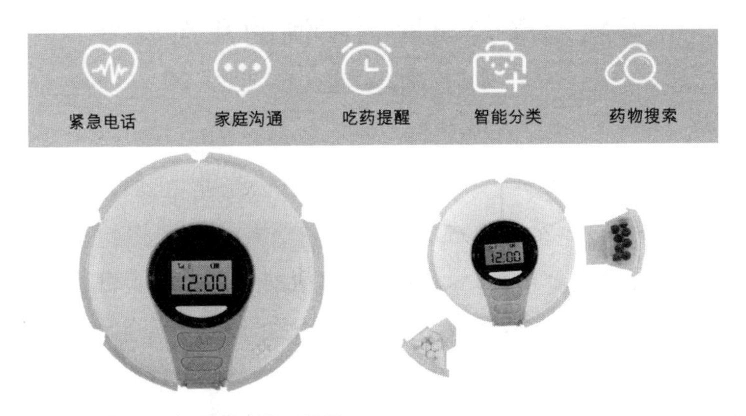

资料来源：由智慧健康公司提供。

点评

智慧健康公司谈判案例的几点思考

楼　亭*

在过去的几年，中国涌现出一批社会企业，它们以解决社会问题为初衷，希望通过商业化的运营使企业获得长足的发展。智慧健康公司正是这样一家以帮助老年人改善健康问题为目标的社会企业，在成功推出其产品的发展初期，希望通过融资进一步拓展其业务。

从第一轮的融资洽谈结果来看，创始人是有机会与两位投资人达成协议的，但是创始人没有选择接受，这也可以理解。首先，我们可以认为创始人对资金需求的紧迫感并不是很强，这反映出公司目前运营的资金压力不大，但同时也可以推测出创始人对业务和财务目标的要求也不太高。这其实是个核心问题，即创始人是否有坚定的"快速发展财务指标"的信念，因为只有在坚定这个信念的前提下，企业（社会企业首先必须是企业）才应该去思考走融资发展的道路。毕竟风险投资的本质是为了获取高额的收益，不能期望投资人也以社会价值为出发点，这样才能在与投资人谈判的过程中充分理解对方的关注点，通过协商尽快达成交易，而非轻易放弃和观望。其次，从其分析中也可以看出，创始人除对于投资人的投资金额和股权比例的考量外，没有提及投资人是否具有此行

* 英姿医疗科技（杭州）有限公司董事长兼总经理，上海蹑景投资管理合伙企业合伙人，社会创新合作伙伴（上海）合伙人。

业投资经验，而投资人的强大资源往往是创始人应该考量的首要因素，因为这样的经验和资源，对于初创企业的帮助往往是巨大的。

我们再从投资人的角度来看看。投资人既然愿意投资企业，我们就需要认识到他们是有不同的明确的目标的。举例说，机构投资人一般都会设定投资的领域、最低预期回报率、最高退出年限、优先权、一票否决权等等的一系列要求。其对投资项目的评估过程、尽职调查也比较正规，最后投资决定权是由投资委员会决定，而不是由个人投资经理决定的。如果是个人投资人，那么决策过程就会相对简单，对投资条款的要求可能也会低不少。如果是专注于影响力投资的个人，那么对投资回报的要求可能相对更为次要，那么自然也就会更加控制其投资的成本以降低风险。俗话说，鱼和熊掌不能兼得，就是指导我们要仔细分析并有所取舍，有舍才有得。

可喜的是，创始人正遇到一个新的机会可与中国最大的风险投资基金之一的 XYZ 基金洽谈融资，而对方投资经理看似也非常认同创始人的理念和愿景。对于这样的一个机会，我们认为创始人应当充分的把握住，同时也要清醒地认识到对方的行业地位说明了它对预期投资回报的要求和对公司治理的要求一定也是高标准的。只有创始人能充分理解并接受，才能在谈判中尽量通过协商去达成交易。

以下从双方的角度来做具体建议。

——创始人

（1）建议以之前两个投资人可接受的条款作为上限和下限，充分做好在财务层面的规划和预期。

（2）建议给予投资人一个董事会席位，因为即便是两个席位，投资人也并未获得决策控制权。但是一般情况下，投资人会要求一些特殊权利，如优先权、回购要求、一票否决权等等，这是机构投资人的常见条款，创始人需要理解并协商洽谈。

（3）财务条件是机构投资人的最常见要求，创始人在洽谈中对出资额和出资时间要明确，对于相对合理的财务指标也应当接受。如果不能接受一定的财务指标，或者对经营理念不一致，则强烈建议创始人重新考虑之前放弃的影响力投资人的投资。

——投资人

（1）基于公司的业务规模在100万人民币的年收入，产品技术门槛不高（尽管有专利），创始人的财务目标不明确，我们很有可能在尽职调查后选择放弃投资，除非创始人做出对业务规划和财务预期的重大改变。我们认为公司的重心（80%以上的人力和资源）应当放在快速的商业化发展，最多20%放在满足公益性的需求，并将公益性的成本支出视作财务规划中的一般性经营费用，以满足公司最终的盈利指标要求。

（2）如果公司最终选择投资，一般可通过要求一个董事会席位，加上对重大业务决策的一票否决权来影响董事会决策，因为即便是2/5的董事会席位也无法控制董事会。

（3）可以适当地通过设定销售收入指标来安排出资时间，但考虑到总金额较低，最好每次间隔不要超过半年。毕竟本项目还属于早期阶段，可以放宽对利润指标的要求。

慕田峪长城脚下的小园：倡导乡村生活[①]

吃水不忘挖井人。

——瓦厂度假酒店砖墙上镌刻的中国谚语

2014年的一个美丽秋日，北京慕田峪村小园餐厅有限公司的建筑设计师兼创始人萨洋(Jim Spear)正凝视着长城上的连绵山峰形成的卧佛形象。尽管环境静谧，他却思绪满怀，愁于如何在发展可持续旅游业务的同时，履行他对倡导乡村生活的承诺。在2006年创办小园餐厅和住宿品牌后，萨洋和合伙人——妻子唐亮以及朋友尚珠丽、王培明已经建立了品牌资产组合，包括小庐面面馆、大路馆儿中餐厅和瓦厂度假酒店。但是最近为了给长城公园入口处的设施升级让路，他需要关闭大路馆儿，这让他不得不另做打算，比如在中国其他地方开设度假酒店和餐厅，或者超越餐饮和住宿业，发展一系列零售商店，将此前在小园出售或消费的乡村制造商品推向市场。

无论未来朝哪个方向发展，有一件事是明确的：企业需

① 本案例由中欧国际工商学院市场营销学教授白诗莉(Lydia Price)和研究助理仲进共同撰写。在写作过程中得到了乐平公益基金会的支持。该案例目的是用来作为课堂讨论的题材而非说明案例所述公司管理是否有效。

要秉承前后一致的价值主张，帮助客户和其他利益相关者理解小园的品牌承诺。多年来，由于创业过程一波三折，企业发展方向一再调整，导致小园的品牌内涵面临日趋模糊的风险。一个理想的发展战略不仅要增加利润和社会影响力，还应该提高公司价值主张和品牌组合的一致性。

创办小园

1995年，美国商人萨洋租下了附近慕田峪村的一所废弃民宅，打算在那里建一个舒适的周末度假屋，借以暂时摆脱喧嚣忙碌的城市生活。慕田峪距离北京仅一个小时车程，与其他长城旅游景点相比，这里没有那么拥挤，也更加宁静。萨洋认为这里是一个理想之地，可以享受他梦寐以求的乡村生活。

2005年，萨洋对民宅进行重新设计并升级为全年宜居的住所后，把家搬到了慕田峪。当朋友和同事们参观改造后的房子并发现其美丽和魅力时，纷纷委托萨洋翻新自己的乡村住宅。萨洋创造了一种标志性的建筑风格，既现代优雅，又令人放松，有一种返璞归真的感觉。尽管萨洋设计了具有现代化功能和便利的设施，如空调、暖气、私人花园和庭院，但他还是尽力保留了原有的乡村外观，并减少了房屋对环境的影响。他尽可能地保留了原有的建筑结构，并采用废弃的建筑材料进行翻新。他还最大限度地减少了每座房屋的能耗和水耗。尽管萨洋如此重视、负责任开发，但没过多久，当地村主任就对萨洋的做法提出了质疑，虽然他在短期内为村里带来了一些工作岗位，但并不是固定的工作，也不能提供其他稳定的长期利益。村主任的话深深触动了萨洋，他对倡导和改善中国乡村生活的热情由此点燃。

萨洋普通话很流利，拥有丰富的在华经营经验，而且具有开办餐饮和住宿企业所需的技能和资源。他的愿景是建立一个营利性企业，为当地提供更多的就业机会，提高当地生产的农产品和加工品的效益，增加村里的整体旅游收入，并刺激其他涓滴式经济增长途径。慕田峪长城脚下的小园（The Schoolhouse）于 2006 年 9 月开业，包括一间由废弃的小学校舍（也是品牌名称的灵感来源）改建成的餐厅，以及萨洋翻新的一些乡村住宅。小园通过预订和管理私人住宅租赁赚取服务费，并以此帮助增加餐厅的客流量。在 4 年的时间里，小园的租赁选项中不断增加新的翻新住宅，到 2010 年，客人可在分散于 3 个村庄中的 8 座房屋中选择，这些房屋的名字都很古朴，如“奶奶家”“大石头”“红门”和“柿子院”。

小园餐厅的主餐厅可以容纳 160 位客人，除入住的客人之外，也向一般公众开放。此外，一所石头庭院补充了座位数量，使可容纳客人的数量增加到 240 位，并为游览长城的国际游客以及寻求暂时逃离城市生活的北京居民提供了一个亲近大自然的休息机会。春秋时节，庭院中的树木会呈现一片翠绿或金黄，客人可以在此美景的映衬下享受节假日烧烤或休闲点菜用餐（参见附录 7 - 1）。2010 年，小园开始接待艺术家、学者和作家入住，他们可以为客人表演助兴，或者展出他们的作品，将小园装饰得别具一格。小园餐厅还将一座从未使用的农场建筑改建成了艺术画廊和手工吹制玻璃工作坊，以增强对游客的吸引力，营造别致氛围。到玻璃工作坊参观的游客都喜欢观看工匠们制作作品，并且喜欢听玻璃“僧钵”和玻璃酒杯的边缘在受到敲击和轻微摩擦时发出的声音。

通过增办两家餐厅，几位合伙人提高了食品经营的规模和效率。于2006年开业的小型手工面馆小庐面（参见附录7-2），坐落在营北沟村附近一个改造后的民宅里，那里的山坡上长满了杏树和栗树。天气好的时候，小庐面的客人可以坐在栗树下的花园里。天气变冷时，他们可以坐在室内的天然木桌旁或坐在传统砖炕上取暖。大路馆儿（2008年为迎接北京奥运会而开办）是一个大型中餐馆，专门经营适合西方人口味的改良农家菜。它距离小园餐厅3千米，位于慕田峪村通往长城入口大门的一条岔路的十字路口处。大路馆儿拥有一个食品储存和烹饪中心基地，还有一块用于种植餐厅部分食材的农田。

萨洋一直致力于保护乡村，这自然带来了业务。他说："我希望在这个现代世界里，还有其他（传统）生活方式的一席之地，因为在我心中，这是成为一个完整的人的一部分。我希望能够保留乡村生活原本的风貌，不是像博物馆展览物品一样被保护起来的村庄，而是在真正运转的村庄。"

因此，小园选址在传统中国村庄中，那里的居民多为农民家庭，其中许多是老年人。小园的合伙人通过安排教育性家访、销售乡村徒步旅行手册，来鼓励和促进游客与当地人的互动交流。为将小园的影响扩大到小园客人以外的人群，他们专门为学校团体和其他钟情于乡村生活的机构安排了教育项目。周末，几位合伙人组织农贸市场和食品节，销售当地制作的食品和手工艺品。为了吸引更多热爱运动的游客，他们发起了一年一度的"渤海骑行活动"，活动中的骑手可以游览附近的村庄，并在慈善拍卖中竞拍以资助村里的老年人。

小园餐厅的食物以自制特色菜为主。当客人预订私人聚会和庆祝活动时，餐厅会精心准备特别食物，如儿童面条、鸡尾酒和开胃点心。他们还提供当地演员和艺人的演出预订服务，以加深文化熏陶。此外，小园还会利用节假日举办特别活动，而且考虑到老板的不同国籍，餐厅会根据中国和美国的传统节日来举行欢庆活动。如春节期间的宴会有烟花和饺子，庆祝美国的独立日时则有烟花和烧烤；中秋节之夜，客人可以欣赏挂在长城之上的圆月，而在万圣节和感恩节庆祝活动中，小园会挂满彩色的南瓜、玉米秆和葫芦等装饰物。

得天独厚的地理位置、标志性的设计、健康的家常菜和引人入胜的故事，这些元素使得小园在其以外国人为主的顾客中大受欢迎。135 家当地旅游运营商将游客带到小园，作为长城综合套餐的一部分，使小园的品牌知名度和客流量都得到较大提升。乘着 2008 年北京举办奥运会的东风，以及随之而来的前往长城的国际游客“洪流”，小园的生意一度非常兴隆。前美国第一夫人米歇尔·拉沃恩·奥巴马（Michelle LaVaughn Obama）和美国作家迈克尔·波伦（Michael Pollan）这种备受瞩目的访客，增加了小园品牌的神秘性和公众吸引力。热情的游客将美丽的房屋、“会唱歌的玻璃”和节日大餐的视频上传到小园的网站上，进一步增强了小园的品牌效应。2009 年，小园在由中英两国联合电视制作的《美丽中国》的“最美中国奖”中被评为中国五大酒店之一。2011 年，每年都获得各种荣誉的小园餐厅荣升猫途鹰北京地区推荐榜单之首[①]。在当地旅游杂志、脸书以及在线旅行社 Agoda、缤客和爱彼迎的网站上，瓦厂和小园都好评如潮。

---

① 猫途鹰是全球最大的旅游网站，在 49 个国家设有分站，为世界各地的游客提供来自旅行者的点评和建议。

寻求利润增长

尽管最初几年的客流量和收益都有所增长，但利润增长却变得更加困难。造成这种情况的一个原因就是企业规模相对较小。由于仅有8座出租房屋，而且三家餐厅中的两家由于前身分别是教室和民宅，因此餐厅规模受到限制，运营效率非常低。此外，萨洋的设计和建造方法虽然提高了品牌的真实性，但也增加了额外成本。翻新旧建筑而不是建造新的复制品，这增加了初期发展成本和持续运营及维护的费用。民宅的租赁价格和其他旅游目的地的豪华酒店价格不相上下，但是小园餐厅的特色面条、烧烤和家常菜的价格是有上限的。在奥运会驱动的旅游热潮消退之后，全球金融危机削弱了全球旅游需求，对于偏远长城地区而言前景未可知。萨洋说："2009年对我们来说是艰难的一年"，奥运会热潮褪去后，"慕田峪长城的游客减少了"。

正是在这一时期，萨洋他们开始寻求新的增长途径。几位合伙人利用奥运会期间获得的意外利润改建了一家废弃瓦厂，建造了一家针对眼光独到的客人和企业小团体的精品度假酒店。瓦厂度假酒店于2010年3月开业，当时仅有16间客房。到2014年，该酒店拥有25间客房、一个带室外按摩浴缸的水疗中心、一个游戏室、一个小型餐厅和室外花园。客人在酒店就可以看到壮观的长城山景和形似卧佛的群山峰峦。酒店的水疗中心和餐厅不对公众开放，只为酒店的客人服务，以保持使用的专属性和安静的环境。此外，酒店还有一个可容纳48人的小会议室，以及一个供高管使用的8人董事会会议室。除了承接小团体业务会议，酒店还可以提供团队建设、教育、乡村志愿服务或长城游等活动。

瓦厂度假酒店的风格被描述为“简约的奢华”。萨洋对所有客房都进行了精心设计，使每一个房间都能饱览长城和卧佛美景，并巧妙地布置了反光玻璃，以扩大视觉冲击力。墙壁、地板和室外小径采用碎瓦片制成彩色马赛克。有着低矮弧形天花板的瓦窑被改造成了小游戏室，并且整个酒店的角落都用琉璃来装饰。客房没有电视或电话，但是配备了无线网络。客房提供手工草编拖鞋，并且每个房间都有一个装饰精美、很有年代感的古董热水瓶。房间内的许多家具都是由萨洋亲自操刀设计，并采用当地木材制成。餐厅、酒吧和客厅都设置在一个红砖琉璃瓦的小屋里。周围乡村的天然棕色和绿色植被，度假酒店的砖房，加上陈列的彩色中式地毯和手工艺品，整个酒店洋溢着一种温馨而愉悦的感觉。一位客人将客房形容为“舒适的小禅房”。

瓦厂度假酒店体现了单个地点规模扩大的好处，有效地提高了运营效率。此外，通过改造废弃瓦厂，几位合伙人开发出了比季节性和周末长城游客更加稳定、更有可能带来回头客生意的细分市场，这类企业客户更倾向于购买一价全包式套餐，包含住宿、餐饮和会议设施，而瓦厂度假酒店正符合他们的需求。截至 2014 年，瓦厂度假酒店已拥有 120 个企业客户，此类客户占客房预订量的 27%（参见附录 7－3）。

改变方向

正当几位合伙人对小园的商业前景满怀信心时，2014 年一个新的威胁突然出现了：当地政府为了改善经常混乱、堵塞的交通和长城入口处的停车状况，决定在大路馆儿所在的村道岔口修建一个新的公园游客中心，扩大停车面积和商业设施。为了给新游客中心让路，大路馆儿的房屋和周边农田被政府征用，而公园的一个入口恰好堵住了通往小园餐厅的道路。一辆接驳车将游客从游客中心送到长城入口，然后通过环形线路接返程游客返回游客中心。尽管游客在去长城途中可以在小园餐厅停车，但是接驳车返程时却并不路过餐厅。知道小园的客人可以事先申请公园通行证进入餐厅，但是来自长城游客人流的临时需求大幅下降。更糟的是，大路馆儿连同其大餐厅、农田、厨房和仓库都不复存在了。小园的创始人们需要重新开辟增长之路。

他们的第一个举措是扩大瓦厂度假酒店的面积。他们先把中央厨房搬到那里，并通过楼上多功能厅扩大用餐区，使其可容纳 160 位客人，此外还设置了一个可以容纳 24 人的室外露台。自此酒店可以举办规模更大的企业聚会以及特殊的节日庆祝活动。但是这又产生了令他们左右为难的问题：是向公众开放这些场所，还是像过去一样只为酒店的客人预留。

另一个举措是在附近的慕田峪村获得新的农田，并建造一个小型游客中心，让小园和瓦厂度假酒店的客人品尝样品，购买特色食品和其他当地特产。萨洋多年来一直在指导实习生，其中有些人设计了新产品，供小园和瓦厂度假酒店使用和出售。这些产品包括一系列果醋和利口酒、百花香罐以及带插图的当地美食和餐饮指南。游客中心由果醋和利口酒发酵室及观察室组成，在观察室里，游客可以观察水果的压榨和保存过程。另外还有用于举行周末农贸市场和种植蔬菜、食用香料的室外空间。新地点因为坐落在栗树和杏树林中而被命名为“果园”(Orchard)。

此外，萨洋还决定在长城公园游客中心开设一家综合商店。他的灵感源自颇有建树的美国连锁店“Cracker Barrel Old Country Store”。Cracker Barrel 将提供南方家常菜的餐馆和售卖各种美国传统糖果、食物、衣服和家居用品的礼品店结合在一起。Cracker Barrel 的设计和老式综合商店相似，客人可以在门廊上闲逛，在享受美食和音乐之余购买美国早期历史纪念品。为了验证这一想法，他在综合商店里开了一个咖啡馆，客人可以在那里品尝云南咖啡和当地食材制作的轻食，里面还有一个购物区，摆放着小园果醋、利口酒、百花香罐、手工吹制的玻璃制品和草编拖鞋。除此之外，还售卖其他中国传统产品，如黑布鞋、复刻古董热水瓶和手作天然驱蚊剂。萨洋对商品陈列和产品描述都进行了专门设计，以增加游客对于保留长城乡村生活的印象，并吸引人们对小园和瓦厂度假酒店品牌的关注。

推动增长

萨洋面临着一些艰难的决定。他敏锐地意识到，只要他的企业不扩大规模，他对乡村可持续性的影响力就不会提高(参见附录 7－4)。首先，他必须确保小园能够独立生存并创造利润。瓦厂度假酒店的收益有望增长，但他如何才能更好地满足国际游客和北京一日游游客的需求？他可以改建更多民宅来增加住宿容量，但这个过程太慢，而且耗资巨大。或许他应该放弃对长城旅游的重视，而是将私人度假酒店业务扩展到中国其他地区。他意识到，很多废弃或很少使用的房屋具有作为标志性住宿和旅游活动的发展潜力。每座房屋都有一段独特而有趣的历史，可用于创造来自特定地点的品牌形象和故事，瓦厂度假酒店就是这样发展起来的；也可以在新地点开设小庐面或综合商店的分店。说实话，长城游客中心并不是开展综合商店业务的理想地点。因为它的周围全是兜售长城纪念品的小摊小贩，其价格只有普通商店价格的零头。游客中心附近还有一家汉堡王快餐店和一家中餐馆。总之，综合商店的外部环境与小园餐厅或瓦厂度假酒店带来的休闲雅致和感官体验形成了强烈对比。

另一个难题是制定一个前后一致的价值主张，以指导品牌建设活动和营销传播。一些客人很难理解并接受"奢华、乡村生活和可持续发展"这样的理念。那些寻求奢华体验的客人常常会对高价度假酒店提供的家常菜和简单客房感到惊讶。还有一些客人不清楚乡村可持续发展的理念对环境可持续性意味着什么。不可否认，小园提供有机食品，践行绿色建筑规程，但企业的推动力是倡导乡村生活，而不是环境本身。提取出小园体验的感官元素，将其与乡村可持续发展理念相结合，以建立一个完整的品牌概念和营销思路，这似乎是一项艰难的工作。

一阵秋风把萨洋的思绪带回了眼前的任务。下周，一名新的实习生即将到来，她可能会急于决定接下来 18 个月的项目。或许她可以帮助制定一个完整又切实可行的品牌战略。只是这一战略是应该支持小园在慕田峪的发展，还是为扩展到长城以外奠定基础？萨洋必须决定哪些是优先事项。

附录 7-1 小园周末午餐菜单①

可持续旅游
Sustainable Tourism

成立于2006年 Since 2006
萨洋和唐亮 Jim Spear & Liang Tang
尚珠丽和王培明 Julie Upton-Wang & Peiming Wang
合伙人 Partners

Lunch Served 11:30-15:30
Beverages & Desserts Served 11:00-16:00

本地食材 手工自制
我们使用自己种植的新鲜食材
或尽可能地找到熟悉的当地农民生产食材
我们的目标是服务优质、干净、公平的食物

Local Foods Homemade from Scratch
We use fresh ingredients we have grown ourselves
or procured from local suppliers to the extent possible.
We aim to serve food that is good, clean, and fair.

今日特色周六2015年2月28日
汤：意式蔬
面条：
乡村沙拉：
冰激淋：香草、巧克力、焦糖

Today's Choices Saturday 28 February 2015
Soups: *minestrone, name of daily soup*
Pasta: *name of daily pasta choice*
Hearty Salad: *name of daily hearty salad choice*
Ice Creams: *vanilla, chocolate, caramel, other choices*

小园中午套餐 *148*
选一：汽水一罐或燕京啤酒一瓶或小园干白或红一杯
烧饼 *中式烧饼配罗勒叶汁*
选一：汤或小园蔬菜沙拉
主菜选一：
香辣手工豆腐配米饭
印度米饭（咖喱配本地果仁）
红烧肉 配慕田峪栗子和米饭
当日新鲜意面
当日乡村沙拉
煎虹鳟鱼柳 配意式玉米粥，加18
牛里脊 配扒蘑菇，加18
自制冰激凌或冰霜，两球

Fusion set lunch *148*
One soda, Yanjing beer, or glass of house wine
Shaobing *Chinese style pancakes with pesto*
Soup or Schoolhouse greens
Choice of one main:
Artisanal doufu spicy hot over rice
Kedgeree fried rice curried with local nuts
Pork stew with Mutianyu chestnuts & rice
Today's pasta
Today's hearty salad
Pan-fried trout fillet with polenta, add 18
Tenderloin with grilled mushrooms, add 18
Two scoops of our ice cream or sorbet

小朋友中午套餐 *78*
配芹菜及胡萝卜条
选一：汽水一罐、苹果或橙汁一小瓶、牛奶一小盒
"熊猫"炸鸡块或虹鳟鱼条
自制冰激凌或冰霜，一球

Little kiddy set lunch *78*
Served with celery & carrot sticks
One soda, apple juice, orange juice or milk
Panda fried chicken cut ups or trout fingers
One scoop of our ice cream

配餐
自制薯条 *38*
扒菠菜 配柠檬 *28*

Extras
Home fries *38*
Grilled spinach with lemon *28*

所有价格为人民币净价，菜不可替代，菜单可随时变

All prices RMB net, no substitutions, subject to availability & change

资料来源：http://theschoolhouseatmutianyu.com。

① 价格以人民币计。2015 年，1 元人民币约等于 0.16 美元。

附录 7-2　小庐面

免费赠送
自制泡菜和大麦茶
面条
定做手工面条
请询问服务员当天供应什么面条
38元/位
水饺
手工水饺(12个)
韭菜或白菜猪肉馅
38元/位
酱料
炸酱(猪肉大蒜豆瓣酱)
姜爆鸡丝
干辣椒炒鸡蛋
芝麻花生(素)
蘑菇(素)
香辣茄子(素)
38元/位
我们餐馆的名字“小庐面”意思是“小茅屋里的面”
我们供应由世界上最古老的醋坊山西宁化府酿造的传统陈醋

配料
随面条或水饺赠送
拍黄瓜
新鲜番茄
烫白菜
香菜末
香葱
腌姜
炸蒜粒
炒香芝麻
咸香油
自制辣椒油
甜点
随面条或水饺赠送
当日新鲜水果
品鉴会
提供菜单上的所有菜品，根据要求提供第二份
168元/位，2位起
所有价格为人民币价格，不含税和服务费
2013年8月5日，如有变更，恕不另行通知

资料来源：http：//theschoolhouseatmutianyu.com。

附录 7-3　小园及瓦厂度假酒店的部分财务信息

	2011 年	2012 年	2013 年	2014 年
总收入增长(%)	不详	15.4	14.3	14.8
人工成本(占总收入比例)	28.5	29.1	33.9	30.9
息税摊销前利润(占总收入比例)	9.1	15.6	15.3	10.9
餐厅数量增长(%)	不详	−4.6	−2.3	−21.5
餐饮营业利润总额*(%)	25.1	38.6	33.6	28.5
平均消费(人民币)**	139	130	139	138
客房营业利润总额*(%)	68.5	66.4	64.1	62.6
客房库存	16	16	25	25
日均房价(人民币)	1 207	1 317	1 333	1 336

*营业利润总额等于各部门利润总额减去直接开支总额(如工资、供应品等),不包括行政、销售和财务开支。

**单人价格,不包括预先安排的团体餐。

资料来源：由北京慕田峪小园餐饮有限公司提供。

附录 7-4　小园可持续性报告卡

付诸行动的可持续性：2014 年报告卡

慕田峪长城脚下的小园是一家成立于 2006 年的生态旅游公司，旨在为客人提供源于可持续发展观的难忘体验。我们的宗旨是将质量和责任心结合在一起，不仅为客人提供最佳服务，同时还要尊重周围环境以及我们运营所在社区。我们乐于向公众分享我们在部分以可持续性为特点的领域所取得的成就，以证明我们在小园的实际作为，并简化长期改进过程，因为“无法衡量就无法管理”。

我们的成就……

下表数据反映了我们的宗旨和理念，代表了我们在社会、环境和生态三个可持续领域的成就。计算的 2011 年和 2012 年(1 月至 12 月)的指标系根据相关性、可用性、可信性、明确性和可比性标准而选取。在可能的情况下，2010 年也考虑在内，以突出取得的长期进步。在以下不同方面，是按照 5 星级别对我们的行动评分，该评级意在反映接近既定标准的程度，该程度可以是根据外部基准衡量，也可以是根据自己定义的未来目标衡量。每颗星代表 20％的间隔，获得五颗星即代表达到既定标准，相当于 80％。

★★★★★ 100％—80％ ★★★★ 80％—60％ ★★★ 60％—40％ ★★ 40％—20％ ★ 20％—0％

事项	指标	评分	2010年	2011年	2012年	2013年	2014年	基准	目标
保护乡村	保留的建筑/原建筑(平方米)	★★★★★	100%	100%	100%	92.9%	92.9%	50%	不详
间接支持当地商业	· 慕田峪网站点击量占所有网站点击量的比例		不详	33.7%	43.9%	46.2%	不详	50%	不详
	· 当地供应商数量占供应商总数的比例	★★★★	不详	46.7%	45.8%	45.1%	41.1%	不详	60%
	· 借调人员	★★★★★	不详	18	76	43	46	不详	20
直接支持社区发展	· 当地员工占员工总数的比例	★★★★★	86%	81%	56.7%	55.2%	61.9%	不详	75%
	· 当地管理人员占管理层总数的比例	★★★	28.6%	40%	60%	35.3%	28%	不详	60%
	· 女性占总数的比例	★★★★★	74%	60%	65%	69.7%	77.3%	56%	50%
	· 女性占管理层总数的比例	★★★★★	80%	85.7%	40%	70.6%	65.2%	21%	21%
	· 员工流动率	★★★★	36.2%	20%	16.7%	20.9%	48.6%	37.9%	20%
废物管理	· 每位客人每天产生的废物	★★★★★	不详	不详	0.4千克	0.8千克	0.1千克	1.6千克	1.6千克
	· 回收的废物占非有机物总量的比例		不详	不详	0.5	0.6	不详	不详	0.8
	· 堆肥占有机物总量的比例	★★★★	不详	6.7%	9.3%	9.7%	12.1%	不详	10%
	· 堆肥制作效率：堆肥产生的肥料占肥料总数的比例	★★★★	不详	46%	47.3%	74.6%	36.6%	59%	80%
粮食计划	· 自己生产占蔬菜使用总量的比例	★★★★	15.6%	13.8%	17.6%	16.3%	20.9%	28.7%	40%
	· 中国食物占食物总量的比例	★★★★★	84.6%	87.8%	89.4%	92.1%	91.1%	不详	90%
	· 当地食物占食物总量的比例	★★★★	65.7%	69%	65.6%	61.6%	56.3%	不详	87.8%

（续表）

事项	指标	评分	2010年	2011年	2012年	2013年	2014年	基准	目标
能源效率	· 客人每晚用电量 Kwh(酒店)	★★★★★	76.76	69.61	76.8	71.4	54	60	60
	· 客人每日用电量 Kwh(餐厅)	★★★	12.6	7.9	6.94	7.8	8	不详	6.0
	· 客人每晚用水量 L(酒店)	★★★★★	不详	700	495.7	618.8	480.5	665.7	665.7
	· 客人每日用水量 L(餐厅)		不详	不详	173.0	184.9	572.6	不详	不详
	· 客人每日运动量 Km		6.0	4.1	7.0	8.1	6.2	不详	不详

注：小园的慈善活动也直接为村民筹集资金。例如，2010—2015 年，由小园主办的“渤海自行车慈善骑行活动”共捐赠了超过 116 000 元人民币。

资料来源：http：//theschoolhouseatmutianyu.com。

点评

曾经的创新，须用更创新来迭代

张　杰*

萨洋于2006年在北京怀柔慕田峪长城脚下创办小园，瓦厂度假酒店，在当时来看，这是一件很有社会创新性的事业。当时的背景正好是北京私家车成为普遍现象，郊区旅游愈来愈热阶段，一到周末节假日，离北京最近的怀柔就成为自驾车出游的集中目的地，游客到了目的地后，吃住购的需求极为刚性，但在当时，很多目的地的接待能力、水平尚欠规范，吃住都存在价高质次的问题。

而萨洋的小园餐厅、大路馆儿、瓦厂酒店为游客提供了价格和品质对等的服务。因此获得了游客的认可，做出了知名度，收获了客源。这在满足社会需求的同时，也形成了自我造血的商业模式。

另外值得肯定的社会属性是小园、瓦厂酒店充分利用了当地村落废弃的学校和农家的房屋，在保留原有外观、结构的基础上，通过翻新、赋能，让这些几乎没了价值、不被人看好的建筑有了新的生命力。在“古村保护”的理念还没有得到大众的普遍认同时，萨洋比较超前的行动了起来。这便是萨洋解决问题的创新性表现。

本文案例写作时间为2016年2月，距2006年时隔10年。案例呈现了小园、大路馆儿、瓦厂酒店早期的辉煌，也真

* 杭州老爸评测社会企业运营官。

实表述了这些产业后期的困境。

在我看来，走入困境一方面是文中交代的几点原因：规模难以扩大、奥运热潮退去、当地设施变化以及当地同质化商户的低价竞争等多种不可控原因，还有一个比较关键的原因，是后期的创新不足。

2006年，时值北京郊区旅游业蓬勃发展，无论是个人创业，还是具有旅游背景的企业纷纷占领高地。总之当时，以离北京最近的怀柔为例，从2006年开始，当地旅游市场的吃住购服务设施越来越完善，特别是实力雄厚的资本更容易在规模上占据先机，包括和当地政府公关方面也有优势。与之相比，萨洋的产业扩张受到的制约太多，与上比，客人的享受型消费环境选择多了起来，不再是2006年时想花钱、选择少的年代了；与下比，汉堡王的进驻又抢占了快消的市场。

就环境而言，看萨洋的案例就有种夹缝中求生存的感觉。一番思考，我把自己放在萨洋的位置，我会怎么做？

首先，我必须回看我的心，是否还和2006年时一样的初衷。评估我还愿不愿意坚守初心？

其次，重新梳理定位我要解决的社会问题，思考商业模式的创新性。2006年时，我创办的这种商业模式具有创新的意义，但是，到今天，更多的人都开始从事民宿餐饮后，去农村旅游不是住不上吃不上了，而是变成了消费成本太高的问题。很多资本也进入这一领域，房子盖的修的越来越好，价格也越来越高。甚至不是一般人能够承担的消费水平。我看到的一些品牌，4个人在农村民宿一晚的消费总额过两千块钱都算低价位了。

所以，现在我想做的是开发出功能齐全但不追求规模，卫生过硬但不强调豪华的“经济型乡村民居”。通过整合乡村里村民的房屋资源，和他们形成合作社关系，就是让村民拿出自家院子里闲置的房屋，收拾成我所输出的统一风格的居室氛围，原则就是功能齐备，卫生安心。然后我会要求合作社成员都要接受岗前培训。培训合格后，村民就是他家经济型乡村民居的管家。省去中间的各种人力支出，消费者节省成本，村民直接获益。而且，住宿客人直接和村民在一个院里，吃吃农家饭，买买乡村特产手到擒来。不管是进一步为村民带来创收，还是带来潜在的资源对接，都可以通过这种零距离连接实现。

而我的收入来源就是通过品牌输出实现，相比之前：轻资产、轻投入。创造的社会价值也更具有普世性。

长城脚下的小园——可持续发展乡村生活

汪　忠[*]　陈璐璐[**]　周雅婷[***]

慕田峪长城脚下的小园创立于2006年，以乡村可持续性为理念，倡导乡村生活，旨在支持和增强中国乡村发展。时至今日，企业建立了可持续性乡村的品牌生态，包括主餐厅“小园”、两家子餐厅“小庐面面馆”和“大路馆儿”、精品度假酒店“瓦厂”、年度骑行活动、慈善拍卖、乡村志愿教育项目、综合商店、小型游客中心“果园”等。小园的运营实践在很多方面给我们带来了思考。

1. 经营目标

从本质上来说，小园以乡村社会企业为创立初衷，在企业发展战略上秉持着经济利润和社会影响力的共同实现，以及价值主张和品牌文化的一致性。

2. 创业团队

“小园”创业团队包括了中外国籍创始人和合伙人，无论从建筑设计还是品牌文化风格，都结合了中国和国外的传统文化，并融合了周围乡村环境，体现了文化的包容性、独特性和一致性。

---

* 湖南大学工商管理学院副教授，中国公益创业（社会创业）研究中心执行主任。

** 湖南大学工商管理学院研究生。

*** 湖南大学工商管理学院研究生。

3. 资源

“小园”不仅充分利用了现有的“国际化”人力资源，打造出“小园”文化品牌的核心竞争力，还充分利用了乡村环境中亟待开发和利用的潜在资源。比如，建筑主体改建自乡村废弃的学校、民宅、瓦厂等，这体现乡村资源可重复利用和成本经济性的特性。

4. 创业机会

抓住2008年北京奥运会的时机，针对国际游客这一目标群体，凭借乡村生活主题、标志性的设计、得天独厚的地理位置、引人入胜的故事和国际化特色服务等，提升了品牌曝光度和认可度。奥运热潮褪去，通过对现有品牌进行延伸，打造以企业客户为目标群体的特色精品度假酒店，提升规模和运营效率，成为企业稳定的收入来源。

5. 生态系统

在“小园”乡村生态系统的构建中，“小园”及其利益相关者在创业生态环境中逐渐演变成彼此依存、相互影响、共同发展。例如，“小园”为当地带来了直接就业机会，品牌综合商店销售中外特色纪念品，倡导与乡村对话的主题，提高了当地生产的农产品和加工品的价值和销量；通过公益性销售乡村徒步旅行手册，甚至针对学校和机构设立了乡村体验教育项目来带动当地乡村生态文化传播。

6. 风险应对

在应对企业面临的政策、环境等不确定性风险时，由于其难以模仿的核心竞争力优势，即多元特色文化和别具一格的品牌风格，很快为“小园”重新开辟出新的增长道路。

7. 商业模式

“小园”乡村生态系统这一探索发展模式对于我国乡村的整体发展具有借鉴意义。通过建立乡村可持续性的价值主张和一致性的品牌文化，实现可复制的乡村社会企业商业模式。

从教学方面来说，该案例以长城慕田峪乡村为背景，较为新颖，能勾起学生的阅读兴趣，引发思考。文章从困境引入，接着详细描述了“慕田峪小园”从创办—寻求利润增长—改变方向—推动增长。案例内容每一块都非常翔实具体，内容层次鲜明，非常具有逻辑性。

授课者可结合社会企业理论分析社会企业特征，比如社会目标导向，市场导向，利益相关者导向。分析社会企业履行中的经济责任、环境责任和社会责任。

授课者也可进行创业或者管理相关的课程教学，结合创业机会、威胁等进行相关分析介绍。“慕田峪小园”在面临奥运会热潮退去，以及大路馆儿的房屋和农田需要给慕田峪政府修建的公园游客中心让路这一系列困境，创始人采取了怎样的行动来解决这些困境，运用了哪些管理学中的理论等。

此外，该案例还可以运用商业模式画布分析框架对其商业模式进行分析。例如，在价值主张分析时，要分析为特定客户细分创造价值的系列产品的服务新颖性、性能、定制化、“把事情做好”、设计、品牌/身份地位、可达性、便利性等。

图书在版编目(CIP)数据

社会创新:可持续发展模式及融资困境/赵丽缦,庄汉盟,李尔成编.—上海:复旦大学出版社,2020.1
(中欧经管图书. 中欧案例精选)
ISBN 978-7-309-14771-1

Ⅰ.①社… Ⅱ.①赵…②庄…③李… Ⅲ.①企业创新-案例-中国 Ⅳ.①F279.23

中国版本图书馆 CIP 数据核字(2019)第 288626 号

社会创新:可持续发展模式及融资困境
赵丽缦　庄汉盟　李尔成　编
责任编辑/姜作达

复旦大学出版社有限公司出版发行
上海市国权路 579 号　邮编:200433
网址:fupnet@fudanpress.com　http://www.fudanpress.com
门市零售:86-21-65642857　团体订购:86-21-65118853
外埠邮购:86-21-65109143
江阴金马印刷有限公司

开本 890×1240　1/32　印张 6.5　字数 134 千
2020 年 1 月第 1 版第 1 次印刷

ISBN 978-7-309-14771-1/F·2661
定价: 42.00 元